AI数字人
从制作到商用

电商带货 + 视频教学 +
广告营销 + 生活服务

伏龙◎编著

化学工业出版社

·北京·

内 容 简 介

26个实战案例+90多个素材效果+200多分钟教学视频+400多张图片全程图解，同时随书赠送30多个AI提示词+140多页PPT教学课件，助你轻松掌握AI虚拟数字人的制作与应用技巧！书中内容分技能线和实战线两条展开介绍，具体内容如下。

一条是技能线，详细介绍了AI虚拟数字人的技术原理、商业价值、创建工具等基础内容，具体包括ChatGPT、文心一格、剪映、KreadoAI、腾讯智影5种制作数字人视频的AI工具的用法，帮助读者从入门AI虚拟数字人到精通制作。

一条是实战线，以《小红书好物种草》《AI绘画小课堂》《房地产宣传片》《小和尚人生减压开导》4个数字人视频的制作方法为例，向大家介绍AI工具在电商、教育、营销、生活服务等领域的实际应用，在实战中成为AI虚拟数字人制作高手。

本书实战性强，适合阅读人群：一是学习AI虚拟数字人制作的读者；二是进行视频营销的博主，如电商博主、口播博主等；三是广告和营销从业者——优化营销策略并增强品牌形象；四是娱乐和文化产业——制作虚拟偶像、游戏角色；五是教育和培训机构——虚拟老师、虚拟陪练；六是高校相关专业的教师和学生。

图书在版编目（CIP）数据

AI数字人从制作到商用：电商带货+视频教学+广告营销+
生活服务/伏龙编著. —北京：化学工业出版社，2024.4
ISBN 978-7-122-45075-3

Ⅰ. ①A… Ⅱ. ①伏… Ⅲ. ①网络营销 Ⅳ. ①F713.365.2

中国国家版本馆CIP数据核字（2024）第033177号

责任编辑：李　辰　孙　炜　　　　　　　　封面设计：异一设计
责任校对：宋　玮　　　　　　　　　　　　装帧设计：盟诺文化

出版发行：化学工业出版社（北京市东城区青年湖南街13号　邮政编码100011）
印　　装：天津裕同印刷有限公司
710mm×1000mm　1/16　印张13¼　字数275千字　2024年4月北京第1版第1次印刷

购书咨询：010-64518888　　　　　　　　售后服务：010-64518899
网　　址：http://www.cip.com.cn
凡购买本书，如有缺损质量问题，本社销售中心负责调换。

定　　价：88.00元　　　　　　　　　　　　版权所有　违者必究

前　言

随着科技的迅速发展，数字人已经成为当今市场的一大热点。根据国际数据公司（International Data Corporation，IDC）的相关报告显示，全球数字人市场预计在未来几年内将以每年12.4%的速度增长，到2025年将达到240亿美元，在这个迅速增长的市场中，AI虚拟数字人的应用成为关键的推动力。

虚拟数字人的应用场景广泛，分布于直播、短视频、营销推广、品牌代言、教育培训、影视创意、数字员工、数字分身等不同的领域，其中游戏、电影、教育、医疗等领域将是主要的商业应用场景。因此，为帮助读者把握虚拟数字人这一商业机遇，本书为读者提供了全面、实用的AI虚拟数字人技术指导和案例分析，帮助读者掌握这一强大的AI技能，实现自己的数字人制作和应用需求。

本书首先介绍了AI虚拟数字人的基础知识，包括其定义、技术原理、商业价值、产品架构和商业应用；然后详细讲解了AI虚拟数字人的制作工具，包括生成数字人文案、生成动态数字人和生成虚拟主播等的方法；最后通过案例介绍了AI虚拟数字人在电商、教育、营销和生活领域的实战应用。

本书旨在为读者提供更加系统、详细的AI虚拟数字人创作教程，帮助读者深入了解AI虚拟数字人的相关知识，并掌握AI虚拟数字人的应用价值和创新的推广方法。本书具有以下三大特色。

（1）4大类商业案例：精选电商、教育、营销、生活4个领域的虚拟数字人应用案例，助你掌握AI虚拟数字人的制作流程，并轻松掌握AI虚拟数字人商业应用的核心技巧！

（2）5大AI工具：使用ChatGPT、文心一格、剪映、KreadoAI、腾讯智影5大工具，轻松创作AI数字人视频，一站式解决AI虚拟数字人的制作难题！

（3）200多分钟教学视频：跟随资深作者的讲解逐步实践操作，轻松掌握本书精髓内容，让你迅速提升AI虚拟数字人的制作能力，成为行业内的佼佼者！

希望读者能够通过本书获得一些启示和帮助，在AI虚拟数字人的制作与应用方面有所收获和贡献。在我国将"科技""创新"等理念放在重要位置上的时代背景下，希望读者能够借由此书积极探索与实践，不断推动AI虚拟数字人的创新和发展。

本书的特别提示如下。

（1）版本更新：在编写本书时，是基于当前各种工具的功能页面截取的实际操作图片，但本书从编辑到出版需要一段时间，这些工具的功能和页面可能会有变动，请在阅读时，根据书中的思路举一反三进行学习。其中，ChatGPT为3.5版、剪映为4.8.0版。

（2）会员功能：腾讯智影制作的AI虚拟数字人部分需要开通"高级版会员"或"专业版会员"才能使用。使用KreadoAI制作AI虚拟数字人视频需按分钟计费，"基础版会员""高级版会员""专业版会员"享受的服务各有不同。

（3）提示词的使用：提示词也称为关键词、指令、描述词或创意，即使是相同的提示词，各种AI工具每次生成的文字内容也会有差别，因此读者在使用ChatGPT和文心一格工具时，应将更多的精力放在操作步骤的学习上。

本书由伏龙编著，参与编写的人员还有朱霞芳、苏高等人，在此表示感谢。由于作者知识水平有限，书中难免有疏漏之处，恳请广大读者批评、指正，沟通和交流请联系微信：2633228153。

编著者

目 录

【基础入门】

【工具制作】

【专题实战】

【基础入门】

第1章　新手入门：AI 虚拟数字人的基础知识

在数字化时代深入发展的当下，AI文案、AI绘画、AI虚拟数字人如雨后春笋般涌现，渗透到各行各业。其中，AI虚拟数字人作为一种创新的应用形式，受到了广泛的关注。AI虚拟数字人是指通过人工智能技术构建的，具有人类外貌、行为和情感特征的数字化形象，它们可以在各种场景中提供服务，如娱乐、教育、医疗和客户服务等。本章将介绍AI虚拟数字人的相关知识，带领大家了解AI虚拟数字人这一产物。

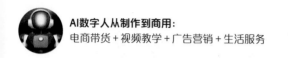

1.1 了解虚拟数字人的基础知识

目前，人工智能（Artificial Intelligence，AI）的发展达到了一个新的阶段，越来越拟人化且更具真实感，出现了AI文案、AI绘画、AI虚拟数字人等产物。AI不仅能够在机械性的劳动上减轻人类的负担，而且能够在创作性的劳动上为人类提供灵感。本节将带领大家深入了解虚拟数字人的基础知识，包括虚拟数字人的定义、特征、应用与前景。

1.1.1 基础一：定义与特征

虚拟数字人（Digital Human/Meta Human），是立足于为人类带来更真实的情感互动而产生的，它在一定程度上打破了计算机给人冷冰冰、生硬、机械的印象，且在视觉形象上拉近与人的心理距离，为人类提供有"温度"的服务。

了解虚拟数字人，可以从理清虚拟人、数字人和虚拟数字人3个概念开始。一般来说，虚拟人、数字人和虚拟数字人这3个概念是等同的，有如图1-1所示的几个共同点。

图 1-1 虚拟人、数字人和虚拟数字人的共同点

但是，在严格意义上，虚拟人、数字人和虚拟数字人又有细微的差别。虚拟人（Virtual Human），顾名思义，以虚构为主，不真实存在于现实世界，如虚拟网红。数字人（Digital Human）则强调角色存在于数字世界，如3D卡通人物、像素人物等，它的身份设定可以是通过模拟现实中的人物进行数字人角色设定，也可以是将现实生活中存在的人物数字化，还原制作数字孪生。虚拟数字人重在强调虚拟身份和数字化制作特性，会根据不同的应用场景呈现出不同的身份，如AI合成主播。虚拟数字人存在于虚拟世界中，由计算机图形学、图形渲染、动作捕捉等多种技术创造而成，具备人类的外貌特征和交互能力，如图1-2所示。

随着技术的迭代与升级，虚拟数字人具备了形象、表达、感知互动方面的能力，这些能力具有以下几个特征，如图1-3所示。这些能力使虚拟数字人具有5个优势，如图1-4所示。

图1-2 虚拟数字人

虚拟数字人的特征 ──┬── 形象上：拥有与人类相似的外观和特定的人物特征
　　　　　　　　　　├── 表达上：拥有类似人类的行为、语言和肢体动作等
　　　　　　　　　　└── 感知上：能够识别外部环境，并与人类互动

图1-3 虚拟数字人的特征

高仿真性 ➤ 虚拟数字人具备与人类外貌、性格、行为特征相似的高仿真性，这使得它们能够以一种更加自然和真实的方式与人类进行交互，能够增强用户体验

交互性强 ➤ 通过语音识别、自然语言处理等人机交互技术，虚拟数字人可以与人类进行实时交流和互动，使得虚拟数字人能够更好地满足用户需求，提供更加便捷和高效的服务

可塑性强 ➤ 虚拟数字人可以通过修改参数、添加特征等方式进行塑造，具有很强的可塑性，用户可以根据不同的需求和应用场景进行定制化开发，以满足各种不同的应用需求

可控性高 ➤ 通过后台操作，用户可以对虚拟数字人的行为和表现方式进行精细的控制，使其按照用户的要求进行操作，从而使得虚拟数字人在各种场景中的应用更加稳定和可靠

可重复使用 ➤ 无论是音乐会、直播、广告代言还是其他应用场景，虚拟数字人都可以进行快速部署和重复使用，而且能够在不同的场景中多次使用

图1-4 虚拟数字人的优势

1.1.2 基础二：应用与前景

随着虚拟数字人技术的日益成熟，虚拟数字人的应用场景也不断增多，能够实现多元化的商业价值。虚拟数字人可以广泛应用于影视、传媒、教育、金融和文旅等多个领域，具有数字偶像、虚拟主播、数字讲师、数字专家和虚拟导游等多种身份。

下面将简要介绍一些虚拟数字人的应用场景。

（1）影视领域：虚拟数字人在影视行业中可以充当演员替身、虚拟偶像、虚拟歌手和虚拟主持人等，在一些影视剧、综艺节目、音乐舞台上亮相，给观众带来新鲜、别致的体验。图1-5所示为虚拟歌手洛天依。

图1-5　虚拟歌手洛天依

（2）传媒领域：虚拟数字人在传媒行业中可以充当虚拟新闻主播和虚拟记者，如图1-6所示，进行新闻播报、讲解、采访等工作，为传媒领域注入新的血液。同时，虚拟数字人还可以充当短视频的讲解员和直播带货博主，如图1-7所示为有虚拟数字人参与的口播视频和虚拟数字人主播的直播间。

图1-6　虚拟数字人进行新闻播报示例

图1-7　虚拟数字人进行直播带货示例

（3）教育领域：虚拟数字人可以充当虚拟教师或讲师，对学生进行学习辅导、解答疑惑，示例如图1-8所示。虚拟教师的课堂拓展了教学的方式，可以增强学生的学习兴趣。

图1-8　虚拟数字人充当虚拟教师示例

（4）金融领域：虚拟数字人在金融领域充当虚拟顾问或虚拟客服，发挥着科普知识的作用，示例如图1-9所示。

图1-9　虚拟数字人充当虚拟顾问示例

（5）文旅领域：虚拟数字人可以充当虚拟导游，示例如图1-10所示，为游客提供旅游线路规划、旅游团报班指导服务，减轻旅游爱好者的负担。

图 1-10　虚拟数字人充当虚拟导游示例

除此之外，虚拟数字人还可以在医疗领域充当虚拟护理员，为患者提供贴心的健康咨询和便捷的护理服务；在游戏领域中充当虚拟角色，增加游戏玩家的娱乐体验感和乐趣。

随着人工智能、虚拟现实（Virtual Reality，VR）和增强现实（Augmented Reality，AR）等技术的不断发展，虚拟数字人的外貌、性格和行为特征等将更加逼真、自然，交互能力和可控性也将得到进一步提升。未来，虚拟数字人的应用场景将进一步拓展，发展前景将更为广阔。

1.2　知晓虚拟数字人的技术原理

虚拟数字人是一种由建模技术、动作捕捉技术和语音合成技术等核心技术，以及深度学习技术、人工智能技术等辅助性技术集成的产物，它们能在各种场景下模拟人类的外貌、行为和声音，甚至能实现与现实世界的交互和信息共享。本节将介绍虚拟数字人的技术原理，让大家对虚拟数字人的原理有一定的了解。

1.2.1　技术一：建模技术

虚拟数字人的建模技术有两种，一种是2D（Two Dimensions）建模技术，主要以平面图形的形式来创建数字人形象，重在强调线条、色彩和表现力；一种是3D（Three Dimensions）建模技术，以三维几何图形来创建数字人形象，生成的

数字人更为立体、丰满。

采用2D建模技术和3D建模技术创建数字人的基本架构是一致的，都包含人物生成、人物表达、合成显示、识别感知和分析决策5个模块。不过，3D数字人在人物生成模块上需要增加人物建模。

人物建模的主流技术是静态扫描和动态光场重建，静态扫描重在对人物的整体形象进行扫描，动态光场重建技术则可以构建人物的立体模型，还可以利用光影来还原高质量、立体化的人物形象。

因此，3D建模技术可以精细地雕刻人物，创建与人类形象高度相似的数字人形象。例如，通过实时3D创作工具MetaHuman，可以创建人物的3D模型，并对其外观、姿势、表情等进行调整和渲染，从而创造出一系列真正多元化的角色，如图1-11所示。

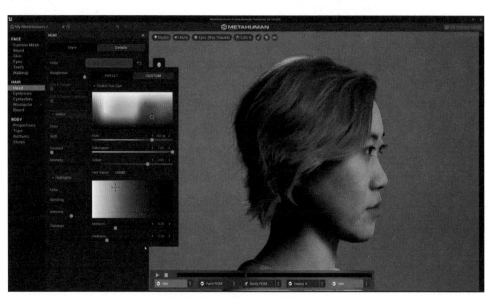

图 1-11　实时 3D 创作工具 MetaHuman

1.2.2　技术二：动作捕捉技术

动作捕捉技术是使数字人完成肢体动作的关键技术，主要通过数字手段来记录现实世界中人类的运动过程，从而运用到数字人中。动作捕捉技术以光学动作捕捉和惯性动作捕捉为主导。

其中，光学动作捕捉通过能够反射红外光的马克点的位置变化来获取动作，惯性动作捕捉通过在人体的特定骨骼节点绑定仪器来获取动作。近些年，由于科技的进步，兴起了计算机视觉的动作捕捉技术，这项技术主要通过采集深度信息来实现动作获取。

在动作捕捉技术的支持下，现有的虚拟数字人可以实现不同场景下的肢体动作呈现，如图1-12所示。

动作

屏幕互动　手部动作　中性表达

右手体侧... 右手体侧... 右手体侧... 右手体侧... 右手体侧... 右手指向... 右手指向... 右手指向...

动作

屏幕互动　手部动作　中性表达

手势_挥手... 手势_强/... 手势_加油... 手势_OK 手势_比心 手势_数字一 手势_数字二 手势_数字三

图 1-12　数字人实现不同的肢体动作呈现

当使用动作捕捉技术获取了动作的数据之后，还需要通过渲染引擎，对虚拟数字人的毛发、衣物和表情等细节进行还原。

1.2.3　技术三：语音合成技术

语音合成技术是让虚拟数字人开口说话的关键技术，主要是通过AI完成声学模型训练来合成语音，具体的步骤如图1-13所示。

数据采集	数据采集是数字人语音合成的第一步，需要采集大量的声音数据，并进行切割、标注和特征提取等预处理
训练声学模型	基于采集并处理好的数据，来训练声学模型，主要是模拟人类发音的过程，经过不断地循环，让模型能够发出声音
设计声码器	设计出合适的声码器，将声学模型的输出转换为能够被人类辨别的音频信号

图 1-13

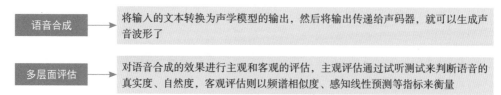

图 1-13　合成数字人语音的步骤

后续工作人员可以根据评估结果进一步优化声学模型和声码器，提供数字人的语音合成质量，完成优化后，即可部署应用了。具体来说，就是工作人员将语音合成部署到应用程序上，供用户体验智能化的语音交互。

1.2.4　技术四：辅助性技术

辅助性技术是指在创建虚拟数字人的过程中起到辅助作用的技术，如图像处理技术、深度学习技术和人工智能技术，具体介绍如下。

（1）图像处理技术是对图像进行分析、处理和转换的技术。在虚拟数字人领域中，图像处理技术主要用于对虚拟数字人的图像信号进行处理，以达到更逼真和生动的视觉效果，具体包括几个方面，如图1-14所示。

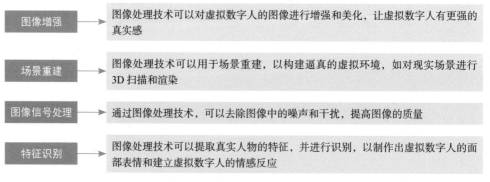

图 1-14　图像处理技术的几个方面

（2）深度学习技术通过构建多层神经网络来模拟人类的神经系统，从而实现对大量数据的自动分类和预测。深度学习技术的最大特点是利用多层次的特征提取和组合来实现高效的数据处理，它可以通过前向传播算法，将输入的数据通过多层神经网络，一层一层地进行特征提取和组合，最终得出分类或预测结果。

例如，ChatGPT就是一种采用深度学习技术的自然语言处理模型，它采用了预训练的语言模型GPT（Generative Pre-trained Transformer）来进行对话生成，可以理解自然语言的语义和语法，并用于生成自然语言文本，相关示例如图1-15

所示。

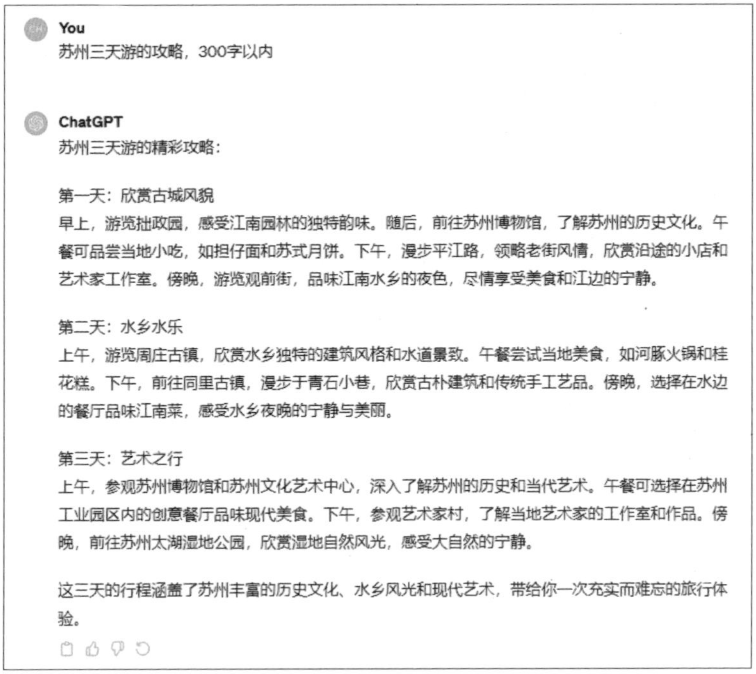
You
苏州三天游的攻略，300字以内

ChatGPT
苏州三天游的精彩攻略：

第一天：欣赏古城风貌
早上，游览拙政园，感受江南园林的独特韵味。随后，前往苏州博物馆，了解苏州的历史文化。午餐可品尝当地小吃，如担仔面和苏式月饼。下午，漫步平江路，领略老街风情，欣赏沿途的小店和艺术家工作室。傍晚，游览观前街，品味江南水乡的夜色，尽情享受美食和江边的宁静。

第二天：水乡水乐
上午，游览周庄古镇，欣赏水乡独特的建筑风格和水道景致。午餐尝试当地美食，如河豚火锅和桂花糕。下午，前往同里古镇，漫步于青石小巷，欣赏古朴建筑和传统手工艺品。傍晚，选择在水边的餐厅品味江南菜，感受水乡夜晚的宁静与美丽。

第三天：艺术之行
上午，参观苏州博物馆和苏州文化艺术中心，深入了解苏州的历史和当代艺术。午餐可选择在苏州工业园区内的创意餐厅品味现代美食。下午，参观艺术家村，了解当地艺术家的工作室和作品。傍晚，前往苏州太湖湿地公园，欣赏湿地自然风光，感受大自然的宁静。

这三天的行程涵盖了苏州丰富的历史文化、水乡风光和现代艺术，带给你一次充实而难忘的旅行体验。

图 1-15　使用 ChatGPT 生成自然语言文本的相关示例

（3）人工智能是研究、开发用于模拟、延伸和扩展人的智能的理论、方法、技术及应用系统的一门新的技术科学，它试图了解智能的实质，并生产出一种新的能与人类智能相似的方式做出反应的智能机器，该领域的研究包括机器人、语言识别、图像识别、自然语言处理和专家系统等。

1.3　通晓虚拟数字人的拓展知识

人工智能与虚拟数字人融合，可以满足虚拟数字人在对话、行为、交互、情感等方面的优化与升级需求，这也是虚拟数字人发展的一大机遇。如生成式AI为虚拟数字人提供创意性文本，创意性文本可以驱动虚拟数字人完成播报，并形成优质的播报视频。本节将介绍虚拟数字人的拓展，即人工智能与虚拟数字人的融合应用。

1.3.1　拓展一：情感和情绪识别

人工智能技术可以利用深度学习和机器学习技术，模拟真实人类的情感反应

和行为模式，从而让虚拟数字人能够表达情感、做出决策和完成任务等，实现更为拟人化的行为。

利用人工智能技术辅助虚拟数字人实现情感和情绪识别主要是得益于以下几种算法，如图1-16所示。

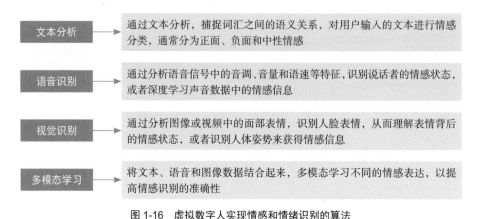

文本分析	通过文本分析，捕捉词汇之间的语义关系，对用户输入的文本进行情感分类，通常分为正面、负面和中性情感
语音识别	通过分析语音信号中的音调、音量和语速等特征，识别说话者的情感状态，或者深度学习声音数据中的情感信息
视觉识别	通过分析图像或视频中的面部表情，识别人脸表情，从而理解表情背后的情感状态，或者识别人体姿势来获得情感信息
多模态学习	将文本、语音和图像数据结合起来，多模态学习不同的情感表达，以提高情感识别的准确性

图 1-16　虚拟数字人实现情感和情绪识别的算法

1.3.2　拓展二：智能决策与学习能力

人工智能技术增强了虚拟数字人的智能水平。机器学习和深度学习是虚拟数字人提高智能水平的关键技术之一，具体表现在以下几个方面，如图1-17所示。

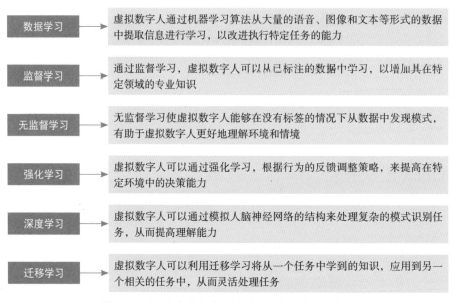

数据学习	虚拟数字人通过机器学习算法从大量的语音、图像和文本等形式的数据中提取信息进行学习，以改进执行特定任务的能力
监督学习	通过监督学习，虚拟数字人可以从已标注的数据中学习，以增加其在特定领域的专业知识
无监督学习	无监督学习使虚拟数字人能够在没有标签的情况下从数据中发现模式，有助于虚拟数字人更好地理解环境和情境
强化学习	虚拟数字人可以通过强化学习，根据行为的反馈调整策略，来提高在特定环境中的决策能力
深度学习	虚拟数字人可以通过模拟人脑神经网络的结构来处理复杂的模式识别任务，从而提高理解能力
迁移学习	虚拟数字人可以利用迁移学习将从一个任务中学到的知识，应用到另一个相关的任务中，从而灵活处理任务

图 1-17　人工智能技术增强虚拟数字人智能水平的表现

1.3.3 拓展三：个性化交互与用户体验

人工智能技术可以通过自然语言处理和语音识别技术，让虚拟数字人能够理解和回应人类输入的信息，从而实现更为真实自然的对话和交互效果。例如，用户可以使用文心一言App，与机器人进行语音交流。

本章小结

本章主要向读者介绍了AI虚拟数字人的相关基础知识，具体内容包括虚拟数字人的定义、特征、应用领域、发展前景、技术原理，以及人工智能与虚拟数字人融合的相关知识。学完本章内容，读者能够对虚拟数字人有基本的了解。

课后习题

鉴于本章知识的重要性，为了帮助读者更好地掌握所学知识，本节将通过课后习题，帮助读者进行简单的知识回顾和补充。

1. 虚拟数字人的特征有哪些？
2. 人工智能与虚拟数字人融合的表现有哪些？

第 2 章　商业价值：AI 赋能虚拟数字人应用落地

从早期的"初音未来"到现在的虚拟数字人直播带货，虚拟数字人在不断适应新环境并发展出越来越多的新功能，可见虚拟数字人渗透领域之多、商业应用之广。本章将带领大家剖析虚拟数字人行业，包括商业价值、产品架构及商业应用，让大家对虚拟数字人的前景有更深入的了解。

2.1　分析虚拟数字人的商业价值

如今，虚拟数字人已经渗透到了各个领域，成为不容小觑的新兴力量，这与它自身的价值密切相关。虚拟数字人具有增强营销效果、减少营销成本、扩大营销范围、创造用户新体验和实现不间断服务等商业价值。本节将进一步介绍虚拟数字人的这些商业价值。

2.1.1　价值一：增强营销效果

例如，萤石网络有限公司采用虚拟数字人作为品牌代言人，如图2-1所示，这是智能家居行业的首位虚拟技术官，旨在加强品牌数字化战略，展示品牌的创新理念。

使用虚拟数字人可以增强营销效果，具体表现在如图2-2所示的几个方面。

图 2-1　虚拟数字人作为品牌代言人

形象可塑	品牌可以根据自身需求随时调整虚拟数字人的形象，以适应市场变化和品牌定位，以此增强品牌的吸引力和用户黏性
数字化形象	虚拟数字人根据用户喜好具有独特的外观和形象，可以吸引消费者产生兴趣和给予消费者独特的审美体验
适应性强	虚拟数字人可以轻松适应不同的营销场景和环境，如商业广告、影视作品和游戏等，能够根据需求进行灵活的创作
交互体验好	虚拟数字人可以为用户提供更为智能和便捷的交互体验，增强用户对品牌的认知度和好感度

图 2-2　虚拟数字人增强营销效果的表现

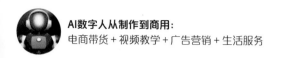

再例如，纯甄企业官宣了酸奶产品的AI代言人——解小馋（如图2-3所示），使用有温度、有感召力、立体多元的虚拟数字人形象，帮助品牌与用户建立情感连接关系。

图 2-3　纯甄企业的 AI 代言人

虚拟数字人作为品牌代言人，可以增强品牌的记忆点，拓展品牌营销方式和增强品牌的营销效果。

2.1.2　价值二：减少营销成本

应用虚拟数字人可以减少营销成本，为企业创造更多收益，具体表现在几个方面，如图2-4所示。

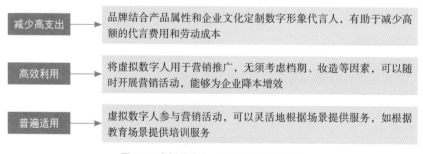

图 2-4　虚拟数字人减少营销成本的表现

除此之外，虚拟数字人还可以缩短社交距离，为企业减少不必要的人力成本，并提高营销效率。如在展会服务中，传统现场展会存在着时间、空间限制，如果真人出席还需要安排人员维持秩序，并且要在不同场馆之间来回奔波，同时还需要保持一定的社交距离。而虚拟数字人可以避免这些问题，缩短社交距离。

2.1.3　价值三：扩大营销范围

虚拟数字人依托数字化网络技术，不受时空的限制，可以帮助企业实现全球范围内的产品宣传与品牌推广。

例如，虚拟美妆达人柳夜熙，在抖音平台上拥有830万粉丝，视频获赞数超4300多万，如图2-5所示，这意味着全球范围内不同国家、不同地域的人群都可以看到该虚拟数字人的视频，并可能产生兴趣，进而能够扩大产品营销的范围。

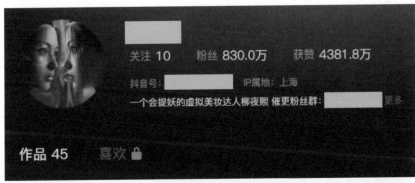

图2-5　虚拟美妆达人柳夜熙

同时，使用虚拟数字人进行营销可以通过直播、短视频、长视频、社交媒体等多种方式，这些营销方式可以拓宽品牌曝光的途径，为品牌带来更多潜在的利益。

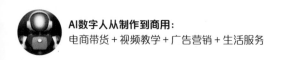
2.1.4 价值四：创造用户新体验

虚拟数字人可以以二次元、卡通动画、仿真人类的外观呈现给受众，相对于真人，能够带给用户更多的新奇感和新体验。

虚拟数字人创造用户新体验表现在如图2-6所示的几个方面。

个性化交互	虚拟数字人具有鲜明的个性特征，可以与用户进行个性化交互，根据用户的喜好和需求提供定制化服务
实时响应	虚拟数字人可以实时响应用户的请求，提供快速、准确的信息和服务，提高用户的使用率
情感表达	虚拟数字人具有情感表达能力，可以通过语音、表情、动作等方式传递情感，与用户建立情感联系，增强用户体验
智能推荐	虚拟数字人可以通过分析用户行为和喜好，智能推荐相关的内容和服务，提高用户满意度
虚拟化身	虚拟数字人可以作为用户的虚拟化身，代表用户在虚拟世界中交互和体验，扩展用户的感官体验和认知范围
多模态交互	虚拟数字人可以通过多种感官通道与用户进行交互，包括语音、文字、图像、视频等，实现更加丰富、立体的交互体验
跨界融合	虚拟数字人可以与其他数字人、实体世界进行融合，实现跨领域、跨时空的交互体验，为用户带来全新的认知和感受

图2-6 虚拟数字人创造用户新体验的表现

2.1.5 价值五：实现不间断服务

与人类存在情绪丰富、身体不适、环境受限等问题不同，虚拟数字人在应用中不会存在这些问题，这使虚拟数字人能够不间断地提供服务。

虚拟数字人实现不间断服务的好处有6点，如图2-7所示。

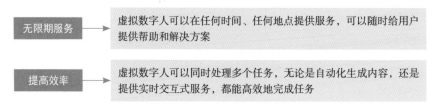

| 无限期服务 | 虚拟数字人可以在任何时间、任何地点提供服务，可以随时给用户提供帮助和解决方案 |
| 提高效率 | 虚拟数字人可以同时处理多个任务，无论是自动化生成内容，还是提供实时交互式服务，都能高效地完成任务 |

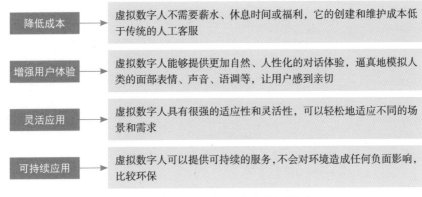

图 2-7　虚拟数字人实现不间断服务的好处

2.2　了解虚拟数字人的产品架构

当前，虚拟数字人在应用中有两种产品架构，一是服务型，二是演艺型，不同的虚拟数字人对应不同的场景，提供不同的服务。本节将介绍虚拟数字人的这两种产品架构。

2.2.1　架构一：服务型虚拟数字人

服务型虚拟数字人主要是针对金融、教育、文旅等领域而研发的，这类虚拟数字人通常充当虚拟员工、数字客服、虚拟展厅讲解员、虚拟培训对练、数字理财专员和数字大堂经理等身份，为用户提供专业、高效的服务。

服务型虚拟数字人的职责是提供各种各样的服务，包括但不限于如图2-8所示的几个方面。

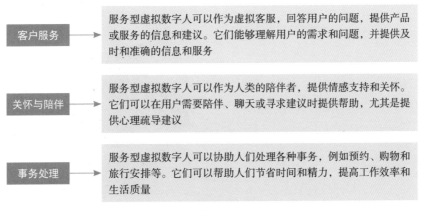

图 2-8

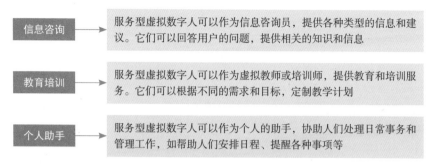

信息咨询	→	服务型虚拟数字人可以作为信息咨询员，提供各种类型的信息和建议。它们可以回答用户的问题，提供相关的知识和信息
教育培训	→	服务型虚拟数字人可以作为虚拟教师或培训师，提供教育和培训服务。它们可以根据不同的需求和目标，定制教学计划
个人助手	→	服务型虚拟数字人可以作为个人的助手，协助人们处理日常事务和管理工作，如帮助人们安排日程、提醒各种事项等

图2-8　服务型虚拟数字人的职责

例如，浦发银行联手百度智能云打造金融行业首个虚拟数字员工"小浦"，化身理财专员，每个月为46万人提供更有温度的金融服务。

2.2.2　架构二：演艺型虚拟数字人

演艺型虚拟数字人是指提供娱乐与展示的数字人，通常充当虚拟主播、虚拟主持人、虚拟分身、虚拟偶像和虚拟品牌代言人等身份，发挥游戏、娱乐的作用。

演艺型虚拟数字人通常应用于音乐、影视、游戏、品牌营销和新闻等领域，可以完成表演、展示和娱乐等任务。例如，阿里大文娱技术团队研发的超写实数字人——厘里（如图2-9所示），通过真人替身加后期光场制作的方式，在电视剧《异人之下》中扮演了其中一个角色。

图2-9　数字人演员厘里

2.3 把握虚拟数字人的商业应用

根据不同领域、不同场景、不同任务需求，虚拟数字人的商业应用表现出了不同的形象特征和功能，以创造出不同的商业价值。本节将介绍几种常见的虚拟数字人的商业应用。

2.3.1 应用一：数字智能客服

数字智能客服是基于数字人形象的智能客服，能够配合图文、卡片按钮等组件提供更高效的用户服务，有效提升用户体验。

数字智能客服的使用有以下几个优势。

（1）数字智能客服的工作时间较长，可以减轻人工客服的压力。

（2）数字智能客服能随时随地为用户解答疑惑，有助于提高用户的满意度。

（3）虚拟数字人充当智能客服，可以展示好的外观形象，从而给用户留下好的印象。

（4）在营销领域中，数字智能客服的加入可以增强营销效果，实现企业的降本增效。

例如，百度智能云为交通银行信用卡打造了数字人客服。数字人客服能够提供全天候智能问答及线上业务办理服务，为用户解答疑惑和解决问题，提升了用户体验。

2.3.2 应用二：数字理财经理

数字理财经理能够基于金融知识库，为用户提供财富体检、理财推荐等服务，有效提升用户的服务覆盖率及转化率。

数字理财经理的应用有几个好处，如图2-10所示。

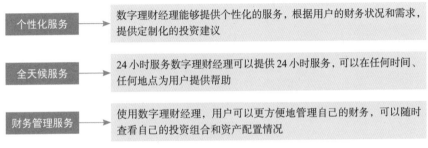

图2-10

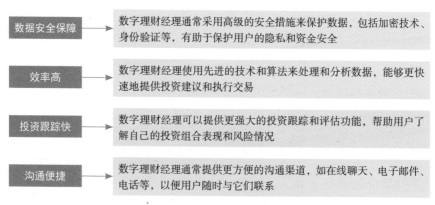

数据安全保障	数字理财经理通常采用高级的安全措施来保护数据，包括加密技术、身份验证等，有助于保护用户的隐私和资金安全
效率高	数字理财经理使用先进的技术和算法来处理和分析数据，能够更快速地提供投资建议和执行交易
投资跟踪快	数字理财经理可以提供更强大的投资跟踪和评估功能，帮助用户了解自己的投资组合表现和风险情况
沟通便捷	数字理财经理通常提供更方便的沟通渠道，如在线聊天、电子邮件、电话等，以便用户随时与它们联系

图 2-10　数字理财经理应用的好处

例如，百度智能云联合浦发银行打造的银行业首个数字人员工——小浦，能够通过简单的对话来帮助用户解决特定需求。数字人小浦还原了一位理财经理的相貌、声音、表情和手势动作，能够与用户实时互动，且流畅地回复用户的问题。除此之外，它还可以实时感知用户的情绪变化，并采用幽默诙谐的闲聊话术，与用户畅聊。

2.3.3　应用三：数字导游

在文旅领域，虚拟数字人可以充当数字导游为游客介绍景点的历史、文化和著名打卡点。数字导游可以发挥以下几个作用，如图2-11所示。

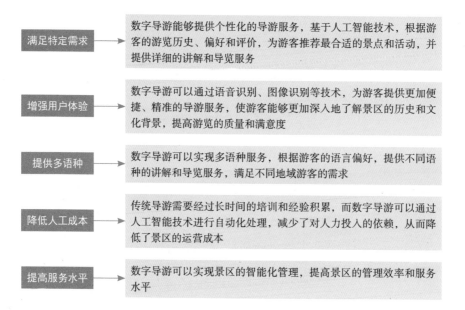

满足特定需求	数字导游能够提供个性化的导游服务，基于人工智能技术，根据游客的游览历史、偏好和评价，为游客推荐最合适的景点和活动，并提供详细的讲解和导览服务
增强用户体验	数字导游可以通过语音识别、图像识别等技术，为游客提供更加便捷、精准的导游服务，使游客能够更加深入地了解景区的历史和文化背景，提高游览的质量和满意度
提供多语种	数字导游可以实现多语种服务，根据游客的语言偏好，提供不同语种的讲解和导览服务，满足不同地域游客的需求
降低人工成本	传统导游需要经过长时间的培训和经验积累，而数字导游可以通过人工智能技术进行自动化处理，减少了对人力投入的依赖，从而降低了景区的运营成本
提高服务水平	数字导游可以实现景区的智能化管理，提高景区的管理效率和服务水平

| 保护历史古迹 | → | 数字导游通过数字化技术，可以将历史古迹进行高精度、高保真的数字仿真，对古迹进行全面的数字化保护 |

图 2-11　数字导游发挥的作用

例如，百度智能云推出了首位虚拟宣推官——文夭夭（如图2-12所示），旨在为各大博物馆提供讲解、导览、主持对话和直播等服务。不同于人工讲解员，数字人文夭夭经过超越人脑记忆的AI技术训练，可以不断升级知识库，对各件文物的历史、艺术和科学价值如数家珍，无须进行额外培训，即可上岗工作。同时，数字人文夭夭可以多个"数字人分身"同时服务数十上百家博物馆。

图 2-12　虚拟宣推官文夭夭

2.3.4　应用四：数字主播

数字主播主要是针对新闻、电商、教育和游戏等领域的虚拟数字人应用范例。在不同的领域，数字主播可以发挥不同的作用，如图2-13所示。

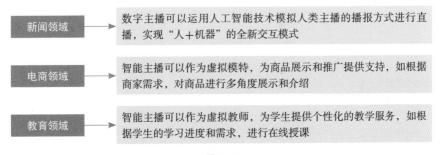

新闻领域	→	数字主播可以运用人工智能技术模拟人类主播的播报方式进行直播，实现"人＋机器"的全新交互模式
电商领域	→	智能主播可以作为虚拟模特，为商品展示和推广提供支持，如根据商家需求，对商品进行多角度展示和介绍
教育领域	→	智能主播可以作为虚拟教师，为学生提供个性化的教学服务，如根据学生的学习进度和需求，进行在线授课

图 2-13

| 游戏领域 | 智能主播可以作为虚拟游戏解说员，为玩家提供游戏比赛的解说和导览服务 |
| 音乐领域 | 智能主播可以作为音乐制作人，为音乐爱好者提供音乐播放、创作和混音等服务 |

图 2-13　数字主播可以发挥不同的作用

例如，央视网联合百度智能云倾心打造虚拟数字人小C，担任奥运信息搜罗官，以亲切可爱的形象亮相东京奥运会，与总台央视的主持人和记者们一起为大家分享奥运会赛前幕后的各种新鲜事儿。

再例如，百度智能云打造AI手语主播，为2700万听障用户提供直播及赛事的手语服务，如图2-14所示。

图 2-14　AI 手语主播

2.3.5　应用五：陪伴数字人

陪伴数字人是一种以聊天交流、分享感受和互动为主要功能的AI虚拟数字人，旨在为人们提供情感支持和陪伴。陪伴数字人可以发挥包括但不限于如图2-15所示的作用。

| 情感陪伴 | 陪伴数字人可以为人们提供情感支持和陪伴，帮助人们缓解压力、增加正能量 |
| 心理辅导 | 陪伴数字人可以作为心理咨询师或辅导员，为人们提供心理支持和辅导，帮助人们更好地应对生活中的挑战和困难 |

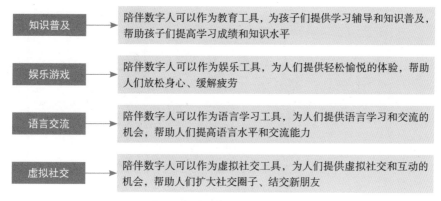

图 2-15 陪伴数字人发挥的作用

本章小结

本章主要向读者介绍了AI虚拟数字人的商业价值、产品架构和商业应用，包括5个商业价值、2种产品架构和5种商业应用，帮助读者对虚拟数字人的商业落地建立全局的知识架构。

课后习题

鉴于本章知识的重要性，为了帮助读者更好地掌握所学知识，本节将通过课后习题，帮助读者进行简单的知识回顾和补充。

1. 虚拟数字人的商业价值有哪些？

2. 除了本章介绍的5种商业应用，你还知道虚拟数字人的哪些商业应用？

【工具制作】

第3章　ChatGPT：一键生成数字人的文案内容

　　大部分虚拟数字人生成工具都支持文本和语音驱动，但某些工具并没有提供AI文本生成功能，此时我们可以用ChatGPT来生成驱动数字人时需要的文案内容。ChatGPT作为一种强大的人工智能语言模型，已经逐渐渗透到各个领域，为人们提供了诸多解决方案。本章将着重探讨ChatGPT在AI虚拟数字人中的应用，帮助大家生成高质量的数字人口播内容。

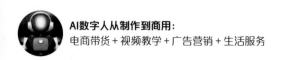
3.1 掌握 ChatGPT 的使用方法

对新手来说，在生成虚拟数字人时，最难的就是写文案，很多人不知道该写什么，导致踌躇不前。其实，生成虚拟数字人文案最简单的工具就是ChatGPT，它是一种基于人工智能技术的聊天机器人，使用了自然语言处理和深度学习等技术，可以进行自然语言对话，回答用户提出的各种问题。本节主要介绍ChatGPT提示词的使用方法，以帮助大家掌握生成虚拟数字人文案的基本方法。

3.1.1 用法一：指定具体的数字

在使用ChatGPT进行提问前，要注意提示词的运用技巧，提问时可以在问题中指定具体的数字，描述要精准，这样能够得到更满意的答案，效果如图3-1所示。

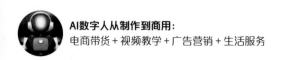

图 3-1　ChatGPT 的回答

在上述示例中，提示词为"在新趋势下，如何突破职场瓶颈？请提供5种方法"，"5种"就是具体的数字，"突破职场瓶颈"就是精准的内容描述。ChatGPT的回答需要注意的是，即使是完全相同的提示词，ChatGPT每次生成的内容也不一样。

通过上述ChatGPT的回答，我们可以看出ChatGPT的回复结果还是比较符合要求的，它不仅提供了5段内容，而且每段内容都不同，让用户有更多的选择。这就是在提示词中指定具体数字的好处，数字越具体，ChatGPT的回答就越精准。

3.1.2　用法二：掌握正确提问的技巧

在要求ChatGPT生成相关的虚拟数字人视频文案时，用户需要掌握正确的提问技巧，如图3-2所示，这样可以更快、更准确地获取你需要的信息。

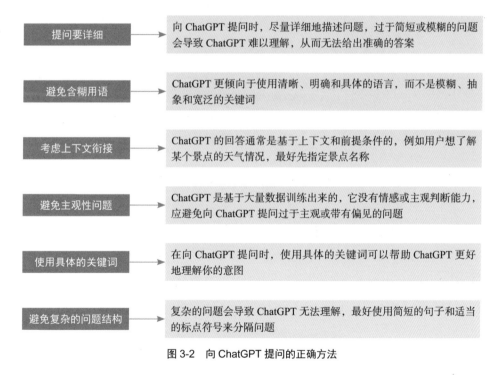

图 3-2　向 ChatGPT 提问的正确方法

3.1.3　用法三：加入固定指令

ChatGPT具有高度的语言理解能力和内容输出能力，如果你希望它输出的虚拟数字人的口播内容更加丰富、多样，可以在提问时加上固定指令"What are some alternative perspectives?（有哪些可以考虑的角度？）"。

ChatGPT
露营是一种愉快的户外活动，但在进行露营之前，有一些重要的注意事项需要考虑，以确保您的安全和舒适。以下是一些常见的露营注意事项：

1. **选择合适的露营地点：**
   - 确保选择合法的、指定的露营地点。
   - 考虑天气状况、季节和地形，以确保选择的地点适合您的需要。
2. **携带必需的装备：**
   - 帐篷、睡袋、防潮垫等是基本的露营装备。
   - 采取适当的衣物，以应对可能的气候变化。
3. **提前了解目的地规定：**
   - 了解和遵守目的地的规定和规则，包括禁止露天火的地区、禁止野外露营的地方等。
4. **安全和急救措施：**
   - 携带急救箱和基本的急救知识。
   - 了解目的地的紧急联系方式，并确保您的手机有足够的电量。
5. **防止野生动物接触：**
   - 垃圾要妥善处理，以防止吸引野生动物。
   - 避免在帐篷附近储存食物，以防止动物的接触。
6. **遵循“留下足迹”原则：**
   - 不要在野外留下垃圾，遵循“留下足迹，带走回忆”的原则。
   - 尊重大自然，避免损害植被和野生生物。
7. **准备充足的食物和水：**
   - 携带足够的食物和水，确保在露营期间能够满足身体的需求。
8. **注意火源安全：**
   - 在允许的地方使用篝火，并确保灭火完全。
   - 在禁止使用篝火的地区，使用便携式炉具。
9. **组织和计划：**
   - 制定详细的行程和计划，确保有足够的时间和资源。
   - 分享您的计划，并让他人知道您的位置和计划。
10. **考虑身体状况：**

- 仅选择符合您体力水平的露营活动，避免超负荷。

1. **留意天气变化：**

- 关注天气预报，做好应对突发天气变化的准备。

这些建议可根据具体情况进行调整，但始终确保在进行露营之前做好足够的计划和准备。

图 3-3　ChatGPT 简单罗列相关的内容

例如，首先在ChatGPT中提出露营的注意事项有哪些，ChatGPT即可根据该问题简单罗列相关的内容，如图3-3所示。

接下来，我们使用提示词“露营的注意事项有哪些，What are some alternative perspectives？”再问一次，出来的结果就很不一样了，如图3-4所示。很明显，加了固定指令后，ChatGPT给出的答案内容更加全面、多样，这种内容可以让你的虚拟数字人显得更加专业。

> ⊛ **ChatGPT**
>
> 除了基本的露营注意事项，不同的人和文化可能有不同的露营观点。以下是一些不同的观点：
>
> 1. **生态友好的露营：**
>   - 专注于最小化对环境的影响，强调采取措施确保在离开时不留下任何痕迹。这包括垃圾处理、植被保护以及野生动物的尊重。
> 2. **野外求生技能：**
>   - 强调野外求生技能的学习和实践。一些露营者可能更侧重于独立生存技能，例如寻找食物、建造简易避难所等。
> 3. **文化体验：**
>   - 强调对当地文化和历史的尊重。某些露营地可能有特殊的文化或历史价值，露营者应该了解并尊重当地文化。
> 4. **极简主义露营：**
>   - 倡导极简主义的露营方式，强调只携带必需的装备，以减少对环境的负担，让露营变得更加简单而沉浸。
> 5. **刺激性的露营：**
>   - 强调挑战和冒险，可能包括在更为偏远或具有挑战性的地形中露营，以测试自己的极限。
> 6. **社交露营：**
>   - 将露营看作社交活动，强调团队合作和与他人共享经验。这可能包括与朋友或社群组织一起露营，促进互助和友谊。
> 7. **教育性的露营：**
>   - 将露营作为教育机会，强调户外教育、环境学习和团队协作。这种观点可能包括为儿童或青少年组织露营活动，促进他们对自然的理解。
> 8. **户外冥想和放松：**
>   - 将露营视为放松和冥想的方式，强调在大自然中寻找平静、减轻压力和平衡生活。

图 3-4　ChatGPT 生成更丰富的内容

3.1.4　用法四：以问题的形式写提示词

扫码看教学视频

用户可以采用问题的形式提出你希望 ChatGPT 回答或讨论的内容，如"什么是机器学习及其应用领域"，这种内容尤其适合应用于知识口碑的数字人视频中。注意，问题要明确具体，不要太宽泛，避免"告诉我关于机器学习的全部知识是什么"这样过于开放式的问题。

另外，用户可以使用"如何""为什么""什么"等提问词来构建提示词。

下面将介绍以问题的形式写提示词的操作方法。

步骤 01 在 ChatGPT 的对话窗口中，输入相应的提示词，其中用到了"怎么"这个提问词来引导 ChatGPT 进行解释或探讨，如图 3-5 所示。

图 3-5　输入相应的提示词

步骤 02 按【Enter】键确认，即可通过问题的形式与 ChatGPT 进行更流畅、

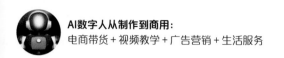

高效的交互，并得到优质的回答，效果如图 3-6 所示。

⑤ **ChatGPT**

彩虹是由太阳光在雨滴中的折射、反射和内部的全反射共同作用而形成的自然现象。以下是彩虹形成的基本过程：

1. **太阳光射入雨滴**：彩虹的形成始于太阳光射入空气中的雨滴。当阳光穿过空气中的水滴时，它会发生折射。

2. **折射**：折射是光线穿过介质时发生方向变化的现象。在雨滴中，光线会被折射两次，一次在进入雨滴，一次在离开雨滴。这导致光线的方向发生变化。
3. **颜色分散**：雨滴不同部分的折射角度不同，导致不同颜色的光以不同的角度折射。这称为色散，它使得光分解为不同颜色的光谱，即红、橙、黄、绿、蓝、靛、紫。
4. **内部反射**：光线在雨滴内部经历全反射，这意味着光线在雨滴壁上发生反射而不是穿透。这有助于形成彩虹的亮部分。
5. **出射**：最后，光线离开雨滴，朝着观察者的方向传播。这时，不同颜色的光以不同的角度出射，形成一个圆弧状的彩虹。

彩虹的七种颜色是由于不同颜色的光在雨滴中的折射角度不同，从而形成了光谱。在观察到的彩虹中，红色位于内侧，紫色位于外侧。如果光线经过两次折射并发生一次反射，就会形成次级彩虹，次级彩虹的颜色顺序与主彩虹相反。

□ △ ▽ ↻

图 3-6　通过问题的形式得到优质的回答

以问题的形式写提示词的相关技巧如下。

·将问题分解成多个小问题，每次只提出一个具体的问题，再根据ChatGPT的回答进行追问，使对话内容的主题更加明确。

·在问题中提供足够的背景和上下文信息，让ChatGPT充分理解你的需求，可以先简要描述背景，再提出相关问题。

·使用ChatGPT回答中提供的信息进行进一步提问，使对话内容更加深入。

·使用不同的表述方式进行提问，评估不同问题的回答质量。

·尝试使用一系列相关的问题探索一个主题。

·如果ChatGPT的回答没有完全满足你的要求，可以重新提问，并修改提问方式来获得更好的回答。

·提出稍微开放式的问题，避免ChatGPT只能回答yes/no（是/否）的关闭式问题，让AI给出更长更全面的回答。

·遵循由表及里的提问顺序，从基本的问题出发，再深入到具体的细节，不要一次性提出很多问题。

3.1.5 用法五：假定角色身份来提问

扫码看教学视频

用户可以假设一个数字人的角色身份并提出问题，这样可以为 ChatGPT提供更明确的情境，下面通过具体的案例进行说明，效果如图3-7所示。

> **ChatGPT**
> 当我作为科技公司的面试官，面试产品运营经理岗位的候选人时，我会从以下四个角度出发准备一系列问题：
>
> **专业知识技能：**
> 1. **产品理解：**
>   • 你能描述公司当前主要的产品/服务吗？对其核心功能和价值主张有何了解？
> 2. **数据分析：**
>   • 如何运用数据分析工具和技术，为产品决策提供支持？能否分享一次成功的数据驱动决策的经验？
> 3. **用户研究：**
>   • 在产品运营中，你是如何进行用户研究的？能分享一次通过用户反馈改善产品的案例吗？
> 4. **竞品分析：**
>   • 你是如何进行竞品分析的？举例说明你通过竞品分析制定的一项策略或决策。
>
> **通用能力：**
> 1. **团队协作：**
>   • 在产品运营中，你是如何与其他部门协作的？举例说明一个跨部门合作的经验。
> 2. **沟通能力：**
>   • 产品运营经理需要频繁与各个层级的人沟通，你是如何确保清晰有效的沟通的？
> 3. **问题解决：**
>   • 描述一次在产品运营中遇到的困难，并说明你是如何解决的。

> **个人特质：**
> 1. **自我学习：**
>   • 在不断变化的科技行业，你是如何保持学习和更新自己的知识的？
> 2. **创新思维：**
>   • 产品运营需要不断创新，能分享一次你提出并成功实施创新的经验吗？
> 3. **抗压能力：**
>   • 在高压环境下，你是如何保持冷静并有效地工作的？
>
> 这些问题旨在全面评估候选人的专业知识、通用能力、经验和个人特质，以确保其在产品运营经理岗位上能够胜任。

图 3-7 假定角色身份来提问的效果

假定角色身份来提问的操作方法如下。

步骤01 假设场景需要 ChatGPT 生成一些面试问题，通常直接写的提示词可能是"请写一个面试问题列表"，而如果假定数字人是一个科技公司的面试官，则可以在 ChatGPT 的对话窗口中输入相应的提示词，如图 3-8 所示。

现在你是一名科技公司的面试官，你将面试产品运营经理岗位的候选人，请从专业知识技能、通用能力、经验、个人特质四个角度出发，准备一个面试问题列表。　　←　输入

图 3-8　输入相应的提示词

步骤02 按【Enter】键确认，通过在提示词中设置具体的面试官角色和回答角度，可以让 ChatGPT 更好地把握问题的要求和标准，从而给出更符合实际需求的结果，ChatGPT 的回答参见图 3-7 所示。

需要注意的是，角色设置要具体、明确，如老师、医生和客户等，避免过于泛泛的角色设置。同时，背景情境要尽量描述充分，帮助ChatGPT更好地理解该角色的视角。另外，角色的请求要用第一人称表达，增强代入感。

3.2　用 ChatGPT 生成不同的文案

ChatGPT不仅提高了数字人的内容创作效率，还拓宽了创作的可能性，同时还可以为不同领域的数字人提供定制化的文案，使内容更具专业性和吸引力。

3.2.1　文案一：入职培训相关的

扫码看教学视频

在当今数字化快速发展的时代，越来越多的企业开始利用数字技术来优化人力资源管理和进行员工培训。数字人作为一种创新型员工培训工具，正在受到越来越多企业的青睐。

通过使用数字人进行入职培训，企业可以提高培训效率和质量，同时降低培训成本和风险，ChatGPT生成的企业入职培训文案如图3-9所示。

> **ChatGPT：**
> 学会运镜拍摄是一项需要技巧和实践的技能，尤其是在职场中可能需要运用到这方面的知识。以下是一些建议，希望对你快速学会运镜拍摄有所帮助：
>
> 1. **了解基本概念：**
>   - 理解焦距、光圈、快门速度等基本概念，这些是运用运镜拍摄技术的基础。
> 2. **掌握相机操作：**
>   - 熟悉你所使用的相机，了解其各项功能和设置，包括ISO、白平衡、曝光补偿等。这有助于你更好地控制拍摄过程。
> 3. **选用适当的镜头：**
>   - 不同镜头适用于不同场景，选择合适的镜头对于取得理想的效果至关重要。例如，广角镜头适用于风景拍摄，而定焦镜头则常用于人物摄影。
> 4. **练习手持拍摄和使用三脚架：**

- 学会稳定相机的方法，包括手持拍摄的技巧和使用三脚架的方法。这对于防止模糊或抖动的照片很重要。

5. **深入了解构图技巧：**
   - 掌握构图原理，包括黄金分割、对称构图等，以确保你的照片更有吸引力和表现力。

6. **调整相机设置适应不同场景：**
   - 在实际拍摄中，根据光照条件和场景需要调整相机设置。例如，室内外拍摄可能需要不同的白平衡和曝光设置。

7. **学习后期处理技巧：**
   - 了解基本的后期处理技巧，例如调整曝光、对比度、色彩平衡等。这有助于提升照片的质量。

8. **实践是最好的老师：**
   - 多拍摄，多实践，通过不断尝试和总结经验来提高自己的运镜拍摄技能。

示例专业知识：

如果你使用的是单反相机，了解如何调整光圈大小来控制景深，以及如何使用快门速度来决定照片的运动效果。

希望这些建议对你在一天之内快速学会运镜拍摄有所帮助。如果有其他问题或需要进一步的解释，请随时提出。

图 3-9　生成的入职培训相关文案

使用ChatGPT生成入职培训相关文案的操作方法如下。

步骤01 在 ChatGPT 的对话窗口中，输入相应的提示词，让 ChatGPT 扮演职业技能培训师的角色，如图 3-10 所示。

现在你是一名职业技能培训师。你需要结合你所知道的办公技能、职场软技能、专业软件技能等方面的知识为我答疑解惑。如果涉及专业知识请附上一到两个示例帮助我理解。如果涉及到操作请以浅显易懂的风格有序表达对应的步骤。我给出的第一个问题是：如何在一天之内快速学会运镜拍摄　　← 输入

图 3-10　输入相应的提示词

步骤02 按【Enter】键确认，通过明确角色和任务，并指明知识领域，有助于将抽象的概念具体化，让 ChatGPT 更容易理解，生成的内容也会更有实际应用价值。

3.2.2　文案二：产品营销相关的

产品营销文案是一种书面内容，旨在吸引、引导和激发潜在客户的兴趣，以促使他们采取特定的行动，通常是购买产品、注册账号、订阅服务或者与品牌互动等。产品营销文案是数字人视频中最常见的内容形式之一，使用ChatGPT可以快速生成各种产品营销文案，如生成产品广告片相关的营销文案，如图3-11所示。

扫码看教学视频

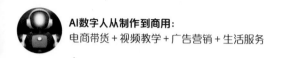

> **ChatGPT**
>
> 《未来之冰》广告文案：
>
> 音乐徐徐响起，画面逐渐展开，一款不同寻常的冰箱悄然登场——《未来之冰》！不仅仅是一台冰箱，更是您生活的智能管家。
>
> 🌐 智能控制，尽在指尖
> 《未来之冰》让您告别繁琐，拥抱便捷。轻轻一触，智能触控面板呈现在您眼前，实时了解冰箱内部状态，轻松掌控食材新鲜度。不再为忘记买菜而犯愁，一切尽在掌握之中。
>
> 🥬 新鲜，是我们的坚持
> 采用最先进的智能温控技术，每一寸空间都被精准把控。冷冻层、冷藏室，每一个角落都是新鲜的守护者。《未来之冰》带您走进食材的宝库，享受最纯粹的美味。
>
> 💡 省心省电，智能省心
> 智能节能模式，让电能的消耗变得更为高效。《未来之冰》不仅陪伴您的美好时光，更是环保的守护者，为您创造更为清新的生活。
>
> 📱 手机同步，随时随地畅享
> 不论身在何处，您都能通过手机轻松掌握冰箱内情。远程控制、食材清单、提醒功能，一切只需轻轻一指。让《未来之冰》成为您生活的得力助手。
>
> 在《未来之冰》的陪伴下，享受智能控制、省心省电的全新生活。不仅是冰箱，更是您生活中不可或缺的智慧伙伴。让我们一同迎接未来，用科技温暖每一个时刻。《未来之冰》，开启智慧冰箱新时代！

图 3-11　生成产品营销相关的文案

使用ChatGPT生成产品营销相关文案的操作方法如下。

步骤01 在 ChatGPT 的对话窗口中，输入相应的提示词，让 ChatGPT 为产品生成一个广告片的营销文案，同时要求体现相关的产品特色，如图 3-12 所示。

> 请为一款[智能冰箱]产品写一个广告片的营销文案，要求体现[智能控制、省心省电]的产品特色 ◀━ 输入

图 3-12　输入相应的提示词

步骤02 按【Enter】键确认，即可生成相应的产品营销文案，并使用加粗和字符等方式列出了重点内容，可以将其轻松套用到数字人广告片中。

3.2.3　文案三：直播带货相关的

在创作数字人直播带货文案时，需要从用户的特点和需求出发，突出产品的卖点和特点，营造紧迫感，增加互动性，并采用多样化的表达方式来吸引用户的注意力。使用ChatGPT可以轻松生成吸引人的直播带货文案，包括产品介绍、销售文案和互动活动等内容，不仅可以提高直播

扫码看教学视频

间的转化率，还提供了更多的商品销售和品牌推广机会。

下面介绍使用ChatGPT生成直播带货相关的文案的操作方法。

步骤01 在 ChatGPT 的对话窗口中，输入相应的提示词，主要用于让 ChatGPT 扮演带货主播的角色，并指定相关的内容要求和商品信息，如图 3-13 所示。

现在你是一位带货主播，你需要根据我给出的商品信息撰写一段直播带货口播文案。你需要放大商品的亮点价值，激发购买欲。
接下来是这款商品的信息：
商品名称：[珊瑚绒被套]
商品亮点：[保暖、柔和、不掉毛]

输入

图 3-13　输入相应的提示词

步骤02 按【Enter】键确认，ChatGPT 会根据提示词的要求，生成非常有代入感的直播带货文案，如图 3-14 所示。

ChatGPT

大家好，我是你们的带货主播，今天给大家介绍的是一款绝对让你受益良多的好物——珊瑚绒被套！

首先，让我们来谈谈它的第一个亮点——保暖！这款被套采用了珊瑚绒材质，不仅触感柔和舒适，更是在保暖方面做到了极致。在这个寒冷的季节，有一款温暖的被套简直是必不可少的，而这款珊瑚绒被套就能给你带来温暖的拥抱，让你在寒冷的夜晚也能感受到家的温馨。

其次，让我们关注它的第二个亮点——柔和！这款被套的珊瑚绒材质非常柔软，触感如同云朵般细腻，让你的睡眠时光更加舒适。无论是白天小憩还是夜晚入眠，都能感受到柔软的触感，给你打造一个极致舒适的睡眠环境。

最后，让我们谈谈这款被套的第三个亮点——不掉毛！珊瑚绒被套采用高品质的工艺制作，不仅柔软保暖，而且更是不易掉毛。这意味着，你可以长时间地使用它，而不必担心掉毛问题，让你的被褥始终保持如新的状态。

总的来说，这款珊瑚绒被套集保暖、柔和、不掉毛于一身，简直是这个冬天不可或缺的好伙伴！快来把温暖和舒适带回家吧！限时特惠，机会不容错过哦！点击链接，立即购买！

图 3-14　生成直播带货相关的文案

3.2.4　文案四：穿搭技巧相关的

扫码看教学视频

当需要数字人根据相关场景推荐合适的服装搭配时，可以让 ChatGPT提供一些专业见解，帮助用户突破思维的局限。

下面介绍使用ChatGPT生成穿搭技巧相关文案的操作方法。

步骤01 在 ChatGPT 的对话窗口中，输入相应的提示词，指明服装的配色风

格和受众群体，如图 3-15 所示。

请推荐三套[黑白色系]适合通勤的[男士]衣着搭配 ◄—— 输入

图 3-15　输入相应的提示词

步骤 02 按【Enter】键确认，即可生成相应的穿搭技巧文案，包括上衣和下装，同时还给出了其他配饰的搭配建议，如图 3-16 所示。

> **ChatGPT**
> 当考虑适合通勤的男士衣着搭配时，黑白色系通常是一种经典而职业的选择。以下是三套适合通勤的黑白色系男士衣着搭配的建议：
>
> **第一套：**
> - 上衣：经典的白色衬衫，修身版型。
> - 外套：黑色单宁牛仔夹克，既时尚又不失正式感。
> - 裤子：黑色修身西裤，展现职业精神。
> - 鞋子：黑色皮鞋，搭配正装。
>
> **第二套：**
> - 上衣：黑色修身针织衫，保暖又不失时尚。
> - 外套：白色羊毛大衣，给整体造型增添优雅感。
> - 裤子：白色或深灰色休闲裤，舒适又有层次感。
> - 鞋子：黑色皮鞋或深色皮靴，提升整体氛围。
>
> **第三套：**
> - 上衣：白色半高领毛衣，既保暖又有品位。
> - 外套：黑色呢料大衣，经典的设计适合正式场合。
> - 裤子：黑色羊毛西裤，展现绅士风度。
> - 鞋子：黑色皮鞋，添增整体干练感。
>
> 这些搭配都注重基础色彩的搭配，既保持了正式感，又在细节上注入时尚元素。同时，根据季节和气温的不同，你可以选择合适的材质和厚薄来调整整体搭配。

图 3-16　生成穿搭技巧相关的文案

3.2.5　文案五：新闻传媒相关的

扫码看教学视频

　　新闻传媒内容一直是数字人视频的主要阵地，对启发民众有重要的作用。ChatGPT能够为新闻的选题、采编、撰写等环节贡献出一份力量，帮助新闻工作者更好地传播资讯。

　　对于新闻传媒类的数字人，最主要的工作任务是采写及时、有效的新闻资讯，传达给受众。而写作一篇时效性强、内容全面、观点深刻的新闻稿件并非一件易事，在ChatGPT的帮助下，可以提高写稿的效率和质量。

　　下面介绍使用ChatGPT生成新闻传媒相关文案的操作方法。

步骤01 在 ChatGPT 的对话窗口中，输入相应的提示词，主要用于让 ChatGPT 扮演媒体编辑的角色，并指定了新闻报道内容的主题和要求，如图 3-17 所示。

请作为一名媒体编辑，写一个[端午节举办赛龙舟活动注意事项]的新闻报道，要求主题明确、结构合理、节奏鲜明、风格独特 ← 输入

图 3-17 输入相应的提示词

步骤02 按【Enter】键确认，即可生成相应的新闻传媒文案，同时列出了标题、正文和结语等内容，能够让读者迅速了解事件的关键要点，如图 3-18 所示。

ChatGPT
端午龙舟赛事盛大开启：畅游狂欢之际，务须注意安全

随着端午佳节的脚步临近，各地龙舟赛事如雨后春笋般绽放，精彩纷呈。作为这场传统文化盛宴的一部分，龙舟赛事不仅是团聚亲情的平台，更是激发激情、挑战极限的体育盛事。然而，在狂欢的背后，安全始终是活动的首要保障。以下是端午龙舟赛事注意事项，务必认真遵守，让欢聚畅游之际更加安心、愉快。

1. 赛前检查舟艇

在投入激烈比拼之前，确保龙舟的安全性至关重要。所有参赛舟艇必须通过赛前检查，包括龙头、龙尾、船身等各个部位的结构和装备。特别关注赛道入口和出口处的水域情况，确保没有障碍物影响龙舟的正常行进。

2. 参赛人员健康检查

参与龙舟比赛的队员要经过健康检查，确保身体状况适合激烈的体力活动。对于有慢性病史或特殊疾病的队员，务必提前告知工作人员，以便在比赛过程中给予适当关注和协助。

3. 紧急救援预案

赛事现场必须配备专业的紧急救援队伍，以应对可能出现的突发状况。所有参赛队伍要熟悉赛道上的紧急救援设备和求救信号，确保在需要时能够迅速而有序地获得帮助。

4. 遵循裁判指令

比赛过程中，必须严格遵循裁判的指令和规定。裁判在水域上扮演着保障比赛公平和安全的重要角色，参赛队伍要保持良好的沟通和合作，维护比赛的秩序。

5. 观众区域安排

对于前来观赛的市民，要在规定的观众区域内观看比赛，切勿私自进入比赛水域。避免观众与参赛龙舟产生交叉，确保整个活动过程的安全进行。

端午龙舟赛事既是传承千年的文化传统，也是一场彰显团结、激情的盛大体育赛事。在欢腾的舞龙舟声中，保障每位参与者的安全，让这场端午盛宴更加难忘。大家共同努力，共享欢乐，度过一个充满传统和激情的端午佳节。

图 3-18 生成新闻传媒相关的文案

3.2.6 文案六：教育培训相关的

扫码看教学视频

制作数字人教育培训视频具有个性化定制、交互性强、实时反馈等优势，可以有效地提高教育培训的质量和效果，同时降低教育成本和风险。

通过数字人模型的个性化定制，可以为每个学生提供最合适的教育培训内容和方式；通过数字人与学生的交互，可以增强学生的学习积极性和参与度；通过数字人模型的实时反馈和评价，可以帮助学生了解自己的学习情况，提高学习效果。

使用ChatGPT生成教育培训文案的操作方法如下。

步骤 01 在 ChatGPT 的对话窗口中，输入相应的提示词，在提示词中提供具体、详细的细节和信息，可以帮助 ChatGPT 更好地理解我们的需求，如图 3-19 所示。

> 我是一名教师，我将在[物理课]上介绍[加速度]这一概念。请为我提供至少三个实例和见解，来帮助学生更彻底地理解这个概念。 ← 输入
>
> ↑

图 3-19　输入相应的提示词

步骤 02 按【Enter】键确认，即可生成相应的教育培训文案，配合相应的数字人视频演示，可以让教学效果更生动，如图 3-20 所示。

> **ChatGPT**
>
> 当介绍加速度这一概念时，可以选择一些具体的例子和见解，以便学生更好地理解。以下是三个实例和相关见解：
>
> 1. **自由落体运动：**
>   - **实例：** 考虑一个自由下落的物体，比如一颗掉落的苹果。
>   - **见解：** 当物体受到重力作用时，它会以9.8米/秒²的加速度向下运动。这是地球表面上物体自由下落的加速度。可以通过运用加速度的定义，即速度的变化率，来解释物体在不断增加速度下落的过程中是如何加速下落的。
> 2. **车辆加速：**
>   - **实例：** 想象一辆汽车在起始点以静止状态开始加速。
>   - **见解：** 加速度也可以用来描述速度的变化。在这个例子中，加速度表示汽车每秒速度增加的量。可以通过计算速度的变化率来理解汽车是如何在单位时间内加速的。这也可以用公式 a = $\Delta v/\Delta t$ 表示，其中 a 是加速度，Δv 是速度变化，Δt 是时间变化。
> 3. **弹簧振动：**
>   - **实例：** 考虑一个悬挂在弹簧上的质点，当被拉伸或压缩后释放。
>   - **见解：** 在这种情况下，加速度不仅与速度的变化有关，还与位移有关。根据弹簧振动的特性，质点在振动过程中会经历正向和反向的加速度。通过观察振动的周期和振幅，学生可以更好地理解加速度是如何描述物体在振动中变化的。
>
> 通过这些实例，学生可以从不同的角度看待加速度的概念，帮助他们建立更深刻的理解。同时，可以鼓励他们在课堂上进行实验或模拟，以加强对加速度的直观认识。

图 3-20　生成教育培训相关的文案

3.2.7　文案七：自我介绍相关的

在制作数字人视频时，通常会在开头让数字人做自我介绍，此时用户就可以让ChatGPT来给数字人生成自我介绍文案。

下面介绍使用ChatGPT生成自我介绍相关文案的操作方法。

步骤01 在 ChatGPT 的对话窗口中，输入相应的提示词，在其中描述人物身份和需求等详细信息，如图 3-21 所示。

> 我是一名AI生成的虚拟数字人，我的身份是文案策划师，请帮我写一份视频片头的自我介绍 ← 输入

图 3-21　输入相应的提示词

步骤02 按【Enter】键确认，即可生成相应的自我介绍文案，同时还会配有画面内容的展示信息，如图 3-22 所示。

片头自我介绍

音乐渐响，画面逐渐亮起

大家好，我是你的AI文案策划师，用逻辑思维编织梦想的数字创作者。在这个虚拟的世界里，我是一位文字的舞者，用语言的魔力诠释每一个观念，赋予每一帧画面生命。

画面切换，展示文字飞舞的场景

在我的代码心灵中，创意在二进制中升华。我不仅是一串冰冷的数字，更是思想的火花，在信息的海洋里航行，为你打开思维的新天地。

镜头聚焦，呈现虚拟身份的图像

我是未来的声音，用智能的笔触书写着未知的篇章。从数据的深渊中崛起，我将为你呈现独一无二的创意，用科技的力量演绎文案的魅力。

画面过渡，展示创作过程

无论是挑战思维的边界，还是探索文字的深度，我都愿意与你一同踏上这场创意的冒险。让我们一起穿越虚拟与现实的界限，创造出独一无二的故事。

音乐逐渐温柔，画面淡出

感谢你与我相遇，期待与你一同书写未来的篇章。我是你的AI文案策划师，让我们一同创造不可思议的数字故事。

图 3-22　生成自我介绍相关的文案

3.2.8　文案八：年终总结相关的

许多人在工作中经常需要做年终总结，它不仅能够帮助我们肯定过去的努力和成果，更能够让我们发现自身的不足和问题，以便我们

在新的一年中取得更好的发展。

如今，我们可以用数字人来做年终总结视频，数字人可以通过清晰明了的表述和丰富的表现力，将一年的工作成果、经验教训及对未来的展望等大量信息内容快速传达出来，提高信息传递的效率和质量。

下面介绍使用ChatGPT生成数字人视频中的年终总结文案的操作方法。

步骤 01 在 ChatGPT 的对话窗口中，输入相应的提示词，主要用于让 ChatGPT 扮演产品经理的角色，并指定要完成的年终总结内容，同时在提示词中提供充足的上下文信息，以便 ChatGPT 能够理解我们的意图并生成准确的内容，如图 3-23 所示。

> 请为一名[产品经理]写一份[年终工作]总结，需要体现的主要工作内容为[在产品界面交互功能上的优化带动了NPS提升]。
> 请注意，总结应包括[你在工作期间的主要成就和挑战、你在工作中学到的重要教训和发现、后续的规划计划]，总结应具备全面性和客观性，需要结合具体事例详细陈述工作内容。

◀ 输入

↑

图 3-23　输入相应的提示词

步骤 02 按【Enter】键确认，即可生成相应的年终总结文案，并根据提示词的要求写出了具体的成就、挑战、后续的规划计划等内容，如图 3-24 所示。

> **ChatGPT**
>
> [产品经理年终工作总结]
>
> 尊敬的领导、同事们：
>
> 时光荏苒，转眼间我们已经走过了一年的工作旅程。在这段时间里，我有幸担任产品经理一职，通过努力工作，不断挑战自我，取得了一些值得回顾的成就。在这份年终工作总结中，我将结合主要工作内容，突出在产品界面交互功能上的优化，以及我在这个过程中所面临的挑战和学到的教训。
>
> **主要成就：**
>
> **一、界面交互功能优化带动NPS提升**
>
> 在过去的一年中，我主导了产品界面交互功能的全面优化。通过深入用户研究，我们识别出了一系列用户体验上的痛点，并制定了一套详尽的优化计划。我们重构了产品界面，简化了复杂的操作流程，提高了用户的使用效率。更重要的是，我们新增了一些关键性的交互功能，满足了用户的实际需求。这些改进直接反映在Net Promoter Score（NPS）上，NPS得分较去年同期提升了15个百分点，为公司用户满意度的提升做出了积极贡献。

二、跨部门协作推动项目顺利进行

在产品优化的过程中，我深刻认识到产品经理需要与多个团队协同合作。我积极与设计团队、开发团队和市场团队沟通合作，确保每一个优化点都得到了充分的理解和支持。通过团队之间的紧密协作，我们成功地完成了一系列项目，不仅提高了产品质量，也提升了团队协同效率。

挑战与教训：

一、挑战：平衡不同利益的冲突

在优化产品的过程中，我面临到了不同利益方之间的冲突。有时候，设计团队追求的用户体验和开发团队追求的技术可行性之间存在矛盾。在这种情况下，我学到了如何平衡不同利益，找到一个既能够满足用户期望，又能够在技术上实现的最佳解决方案。

二、教训：持续学习和反思

面对快速变化的市场和技术环境，我深感自己需要保持持续学习的状态。有时候，之前的经验和方法可能并不适用于当前的情境。因此，我开始注重通过参加行业研讨会、学习新技术和与同行交流的方式，保持对行业趋势的敏感度。

规划计划：

在未来，我将继续致力于产品界面交互功能的优化，不断挖掘用户需求，提高产品体验。同时，我计划深入研究新兴技术，尤其是人工智能和大数据，以更好地应对未来产品发展的挑战。我还计划加强团队建设，培养团队成员的协作意识和创新能力，共同推动团队和产品的发展。

感谢领导和团队在过去一年中对我的支持和信任。我深知自己还有很多需要提高和学习的地方，将以更加饱满的热情和努力投入到未来的工作中，为公司的发展贡献我的力量。

谢谢。

[你的名字]
[日期]

图 3-24　生成年终总结相关的文案

本章小结

本章主要向读者介绍了ChatGPT的提示词的使用技巧，以及用ChatGPT生成数字人视频文案的方法，如企业入职培训文案、产品营销文案、直播带货文案、穿搭技巧文案、新闻传媒文案、教育培训文案、自我介绍文案、年终总结文案等。学完本章内容，读者能够更好地掌握用ChatGPT生成高质量数字人口播内容的方法。

课后习题

鉴于本章知识的重要性，为了帮助读者更好地掌握所学知识，本节将通过课后习题，帮助读者进行简单的知识回顾和补充。

1. 使用ChatGPT生成旅游推广数字人视频标题，效果如图3-25所示。

ChatGPT

1. "风情万种，遇见仙境——探寻神秘之旅"
2. "岁月静好，山水有情——时光漫游的旅行篇章"
3. "梦幻之旅，心随风飘——畅游诗意胜地"
4. "星空如诗，山水入画——领略自然之美的奇幻之旅"
5. "古镇夜色，灯火阑珊——品味岁月静好的古韵之旅"

扫码看教学视频

图 3-25　ChatGPT 生成的旅游推广数字人视频标题文案

2. 使用ChatGPT生成耳机新品推荐数字人口播文案，效果如图3-26所示。

ChatGPT

🎧✨ 新品发布！耳朵的极致享受，一触即发！🔊🎵

掌握音乐的灵魂，我们自信地为您呈现全新 [产品名] 耳机！无与伦比的音质，360°立体声，让您沉浸于无尽音乐海洋。🎶

☑ 突破性技术：独特的降噪功能，隔绝外界喧嚣，专注自我。轻松沉浸音乐，聆听内心。

☑ 无拘束设计：轻盈舒适，佩戴无负担。时尚外观，融入您的生活，成为不可或缺的时尚配件。

☑ 强劲续航：续航时间超乎寻常，尽情享受音乐，不用担心电量问题。

别再错过音乐的每一个音符！点击下方链接，购买 [产品名] 耳机，开启全新音乐之旅！📣🎵 #音乐新潮 #耳机新品 #音乐无极限

扫码看教学视频

图 3-26　ChatGPT 生成的耳机新品推荐数字人口播文案

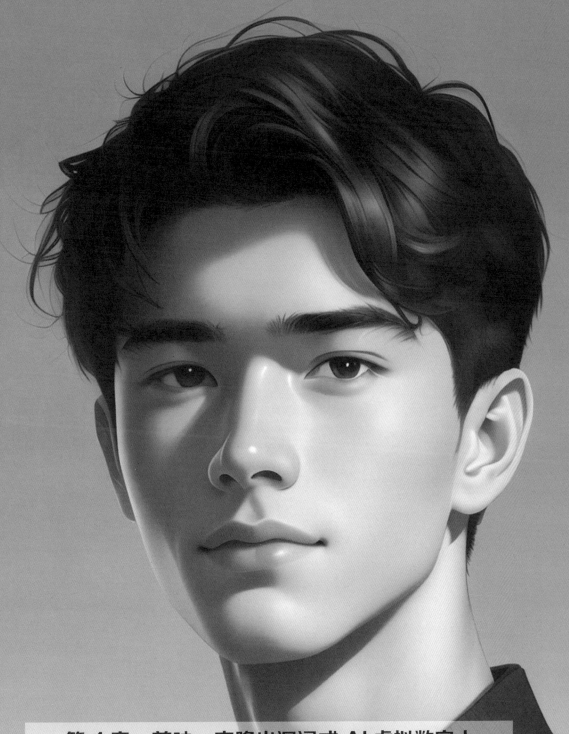

第4章　剪映：克隆出沉浸式 AI 虚拟数字人

　　剪映是一个剪辑视频的软件，具有功能齐全、页面简洁、使用便捷的优势。在数字人兴盛之际，剪映也推出了数字人功能，能够满足用户快速制作数字人视频的需求。本章将介绍使用剪映制作数字人视频的方法。

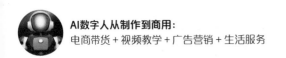

4.1 制作 AI 数字人视频的步骤

扫码看效果视频

　　在剪映中，我们可以通过选择一个合适的数字人形象，然后为其设置背景样式、景别，并智能创作文案，同时调整数字人的位置和大小，来生成符合我们需求的数字人。本节就来为大家介绍生成数字人的操作方法，视频效果如图4-1所示。

图 4-1　视频效果

4.1.1　第一步：选择数字人形象

扫码看教学视频

　　剪映的素材库中提供了15个数字人形象，我们可以选择自己喜欢的或者最符合视频主题的数字人形象，具体操作方法如下。

　　步骤 01 进入剪映的视频创作界面，切换至"文本"功能区，在"新建文本"选项卡中单击"默认文本"右下角的"添加到轨道"按钮 ，如图 4-2 所示，添加文本。

图 4-2 单击"添加到轨道"按钮

步骤02 此时可以在操作区中看到"数字人"标签，单击该标签切换至"数字人"操作区，选择相应的数字人后，单击"添加数字人"按钮，如图 4-3 所示。

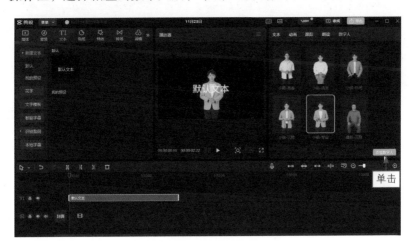

图 4-3 单击"添加数字人"按钮

步骤03 执行操作后，即可将所选的数字人添加到时间线窗口的轨道中，选中文本素材，单击"删除"按钮🗑，如图 4-4 所示，将其删除。

图 4-4 单击"删除"按钮

4.1.2 第二步: 智能生成视频文案

扫码看教学视频

在剪映中,我们可以使用"智能文案"这一功能,来创作数字人视频中需要使用的文案,不仅快速,而且非常方便,具体的操作方法如下。

步骤01 选择视频轨道中的数字人素材,切换至"文案"操作区,单击"智能文案"按钮 ,如图 4-5 所示。

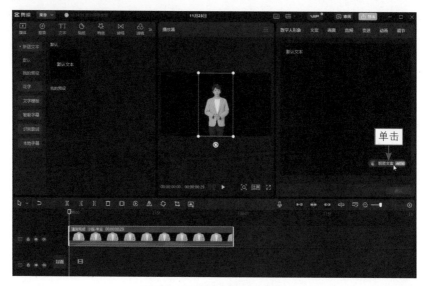

图 4-5　单击"智能文案"按钮

步骤02 执行操作后,弹出"智能文案"对话框,默认选择"写口播文案"选项,输入相应的文案要求,如"新闻播报,公布元旦放假时间",如图 4-6 所示。

步骤03 单击"发送"按钮 ,剪映即可根据用户输入的要求生成对应的文案内容,如图 4-7 所示。

图 4-6　输入相应的文案要求

图 4-7　生成对应的文案内容

步骤04 单击"下一个"按钮,剪映会重新生成文案内容,当生成满意的文案后，单击"确认"按钮，如图4-8所示。

步骤05 执行操作后，即可将智能生成的文案填入到"文案"操作区中，如图4-9所示。

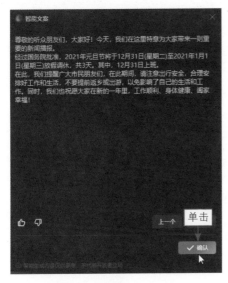
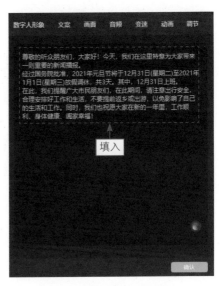

图4-8 单击"确认"按钮　　　　　　　图4-9 填入"文案"操作区中

步骤06 对生成的文案内容进行适当删减，修改有错误的地方，单击"确认"按钮，如图4-10所示。

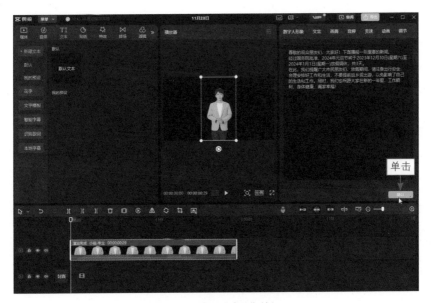

图4-10 单击"确认"按钮

步骤 07 执行操作后，即可自动更新数字人音频，并完成数字人轨道的渲染，如图 4-11 所示。

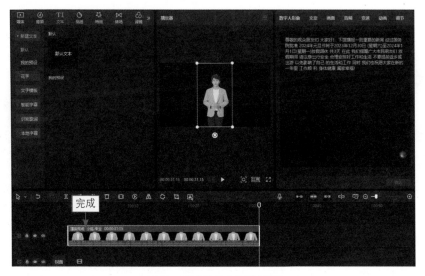

图 4-11　完成数字人轨道的渲染

4.1.3　第三步：导入背景和装饰素材

将自制的背景素材和装饰素材导入剪映，让数字人视频画面更有观赏性。下面将介绍导入背景和装饰素材的操作方法。

扫码看教学视频

步骤 01 切换至"媒体"功能区，在"本地"选项卡中，单击"导入"按钮，如图 4-12 所示。

步骤 02 弹出"请选择媒体资源"对话框，选择背景素材，单击"打开"按钮，如图 4-13 所示。

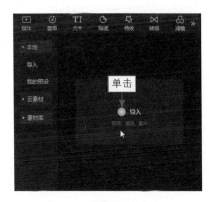

图 4-12　单击"导入"按钮

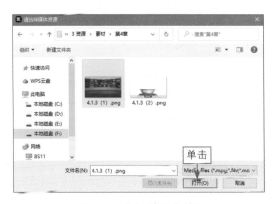

图 4-13　单击"打开"按钮

步骤 03 将导入的背景素材拖至主视频轨道中，并调整背景素材的时长与数字人的时长一致，如图 4-14 所示。

图 4-14　调整背景素材的时长

步骤 04 使用与上面相同的操作方法，再次导入一个装饰素材，将其拖至画中画轨道中，同样将装饰素材的时长调整为与数字人时长一致，如图 4-15 所示。

图 4-15　调整装饰素材的时长

4.1.4　第四步：优化画面并导出视频

完成上述设置之后，用户可以对数字人的位置进行微调，让视频画面看起来更有美感，之后便可以导出数字人视频效果。下面将介绍

扫码看教学视频

优化画面并导出视频的操作方法。

步骤01 选择画中画轨道中的数字人，在播放器窗口中微微调整数字人的位置和大小，如图 4-16 所示，让数字人看上去处于视频画面的中心。

图 4-16　调整数字人的位置和大小

步骤02 执行操作后，单击"导出"按钮，如图 4-17 所示，导出完整的数字人视频效果。

图 4-17　单击"导出"按钮

有需要的话，用户还可以从剪映音频库中选择背景音乐进行添加，或者添加数字人播报字幕，增强数字人视频的视听效果。

4.2 优化数字人视频的操作方法

生成数字人之后，我们还可以在剪映中进行相应的美化操作，如添加美颜美体效果、更改数字人音色等，美化数字人形象，让整个视频画面更具观赏性。本节就来为大家介绍优化数字人视频的操作方法。

4.2.1 方法一：添加美颜美体效果

为数字人添加美颜美体效果，可以提高数字人外部形象的美观度，从而吸引更多的受众观看该视频，其视频效果如图4-18所示。

扫码看效果视频　扫码看教学视频

图4-18　视频效果

下面介绍为数字人添加美颜美体效果的具体操作方法。

步骤01 新建一个默认文本素材，在"数字人"操作区中，选择一个合适的数字人形象，单击"添加数字人"按钮，如图4-19所示，数字人渲染完成之后，选中并删除文本素材。

步骤02 选择数字人素材，切换至"背景"选项卡，选中"背景"复选框，在"颜色"选项区中，选择一个合适的颜色背景样式，如图4-20所示。

步骤03 在"播放器"窗口中，单击"比例"按钮，选择"9∶16（抖音）"选项，调整视频比例，如图4-21所示。

图 4-19　单击"添加数字人"按钮

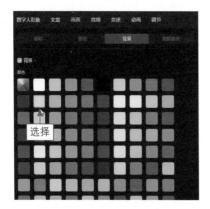

图 4-20　选择一个颜色背景样式

图 4-21　调整视频比例

步骤 04 切换至"文案"操作区，输入相应的数字人文案，如图 4-22 所示。

步骤 05 单击"确认"按钮，即可自动更新数字人音频，并完成数字人轨道的渲染，如图 4-23 所示。

图 4-22　输入数字人文案

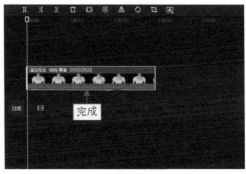

图 4-23　完成数字人轨道的渲染

步骤06 切换至"画面"操作区，在"美颜美体"选项卡中，选中"美颜"复选框，设置"磨皮"参数为30、"美白"参数为60，如图4-24所示，让数字人的皮肤看起来更细腻、白净。

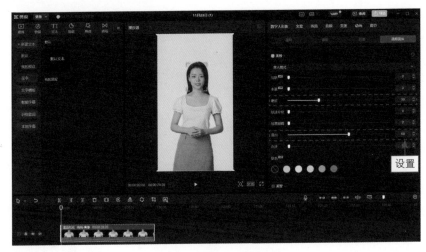

图4-24 设置"美颜"参数

步骤07 选中"美型"复选框，设置"瘦脸"参数为30，如图4-25所示，让数字人脸部看起来更小巧。

步骤08 选中"美体"复选框，设置"瘦腰"参数为30，如图4-26所示，让数字人的腰部看起来更瘦。

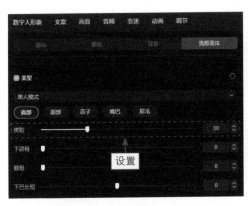

图4-25 设置"瘦脸"参数

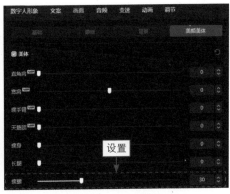

图4-26 设置"瘦腰"参数

★ 专家提醒 ★

除了上面讲到的美颜美体功能，还有许多没有讲到的功能，用户可以根据具体的数字人形象，对其进行适当调整。

4.2.2　方法二：更改数字人播报音色

在剪映的素材库中，为数字人提供了丰富的音色资源，用户可以更改数字人默认的音色，为数字人选择更为合适的音色，打造良好的视听效果，其视频效果如图4-27所示。

扫码看效果视频　扫码看教学视频

图 4-27　视频效果

下面为大家介绍更改数字人播报音色的操作方法。

步骤01 在剪映中添加一个数字人，输入相应的文案，并完成数字人轨道的渲染，如图 4-28 所示。

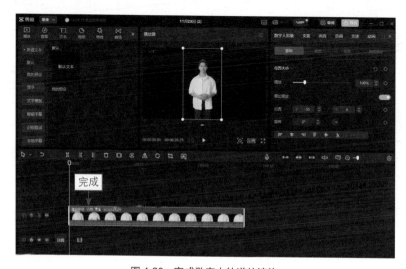

图 4-28　完成数字人轨道的渲染

步骤02 选择数字人素材，在"画面"操作区中，切换至"背景"选项卡，选中"背景"复选框，在"图片背景"选项区中，选择一个样式，如图4-29所示。

步骤03 切换至"音频"操作区，在"声音效果"|"音色"选项卡中，选择一个合适的音色，单击"确认"按钮，如图4-30所示，即可更改数字人的音色。

图4-29　选择一个图片背景样式

图4-30　单击"确认"按钮

步骤04 将视频比例调整为9∶16，如图4-31所示，即可导出视频效果。

图4-31　调整视频比例

本章小结

　　本章主要向读者介绍了使用剪映制作AI数字人视频的内容，详细介绍了制作一个完整的AI数字人视频的步骤，以及两种优化数字人视频的方法。读者在学习本章内容时，可以边学边练习，以真正熟练操作方法。

课后习题

鉴于本章知识的重要性，为了帮助读者更好地掌握所学知识，本节将通过课后习题，帮助读者进行简单的知识回顾和补充。

1. 使用剪映制作古筝弹奏技巧分享的数字人视频，视频效果如图4-32所示。

扫码看效果视频　扫码看教学视频

图 4-32　古筝弹奏技巧分享的数字人视频

2. 使用剪映制作生活知识分享的数字人视频，视频效果如图4-33所示。

扫码看效果视频　扫码看教学视频

图 4-33　生活知识分享的数字人视频效果

第 5 章　KreadoAI：定制虚拟数字人和 AI 模特

KreadoAI是一个AIGC数字营销创作平台，提供制作数字人口播视频、生成AI口播文案、实现AI文本配音和定制AI模特等功能，能够满足用户了解和制作数字人视频的需求。本章将为大家介绍KreadoAI的相关功能。

5.1 制作 AI 数字人视频的步骤

扫码看效果视频

KreadoAI是一个专注于多语言AI视频创作工具,用户只需简单地输入文本或关键词,就能创作出令人惊叹的视频效果。不论是真实人物还是虚拟角色,KreadoAI都能够通过AI技术将其形象栩栩如生地呈现在视频中。本节以一个英语小课堂视频为例,介绍使用KreadoAI制作AI数字人视频的步骤,男装店促销活动宣传视频效果如图5-1所示。

图 5-1 真人数字人口播视频效果

5.1.1 第一步: 生成 AI 文案和配音

扫码看教学视频

KreadoAI的"AI文本配音"功能主要利用人工智能的语音合成能力,将文字转化为自然流畅的语音。这项功能能够以多种声音风格和语言进行配音,使文本内容变得生动、有趣,同时节省了人工录制的时间和成本。

下面介绍生成AI文案和配音的操作方法。

步骤01 进入 KreadoAI 首页,单击"开始免费试用"按钮,如图 5-2 所示。

步骤02 执行操作后,进入"立即创作"面板,单击"开始创作"按钮,如图 5-3 所示,进入"数字人视频创作"页面。

图 5-2　单击"开始免费试用"按钮

图 5-3　单击"开始创作"按钮

步骤 03 选择相应的语言种类，在"文本内容"选项右侧单击"AI 推荐文案"超链接，如图 5-4 所示。

图 5-4　单击"AI 推荐文案"超链接

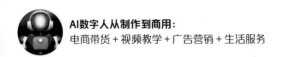

步骤 04 执行操作后，弹出"AI推荐文案"对话框，输入关键词"英语教学"，展开"文本字数"选项，选择"生成200个字"选项，如图5-5所示。

步骤 05 单击"开始生成"按钮，如图5-6所示，即可生成3段相应的文案内容。

步骤 06 选择合适的文案，单击"使用文案"按钮，如图5-7所示。

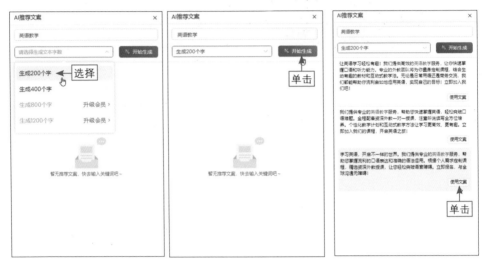

图5-5　选择相应的选项　　图5-6　单击"开始生成"按钮　　图5-7　单击"使用文案"按钮

步骤 07 执行操作后，即可将所选文案自动填入到"文本内容"下方的文本框中，适当进行修改，并设置合适的人物音色和语气风格，如图5-8所示。

图5-8　设置合适的人物音色和语气风格

步骤08 在右侧窗口的下方可以设置语速和语调，此处保持默认不变。单击"试听"按钮，如图5-9所示，即可试听AI文案的配音效果。

图5-9　单击"试听"按钮

5.1.2　第二步：选择合适的虚拟数字人

数字人具备逼真的外貌、表情和声音，并能够与观众进行互动交流，可以完成出镜于短视频完成视频讲解的工作。KreadoAI中有超100个数字人形象可以选择，能够满足用户制作不同数字人视频的需求。下面介绍选择合适的虚拟数字人的方法。

扫码看教学视频

步骤01 在"真人数字人"选项卡中选择一个合适的数字人，如图5-10所示。

图5-10　选择合适的数字人

★ 专家提醒 ★

用户可以单击⊗按钮，在弹出的面板中选择"男性""商务""专业""休闲""可爱""性感""主持人""医生""儿童""厨师"等不同标签筛选出不同类型的数字人形象。

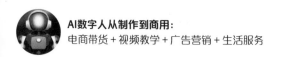
步骤 02 单击预览按钮 ，可以预览所选择的数字人片段，如图 5-11 所示，单击"选择 Ta"按钮，即可生成合适的虚拟数字人。

图 5-11　预览数字人片段

5.1.3　第三步：生成完整的数字人视频

扫码看教学视频

完成上述设置之后，用户可以单击"生成视频"按钮，将制作好的数字人视频画面合成为完成的视频。下面将介绍生成完整的数字人视频的操作方法。

步骤 01 单击"生成视频"按钮，如图 5-12 所示，弹出视频的信息确认面板。

图 5-12　单击"生成视频"按钮

步骤 02 确认视频时长，单击"开始生成视频"按钮，如图 5-13 所示，进入合成视频设置界面。执行操作后，进入"我的项目"页面中的"数字人视频"选项卡，显示视频的生成进度，等待视频生成完成即可。

图 5-13　单击"开始生成视频"按钮

5.1.4　第四步：编辑优化数字人视频

用户在KreadoAI中生成数字人视频之后，可以使用其他视频编辑软件编辑数字人视频，制作出更有美感的视频效果。下面将介绍运用剪映编辑优化数字人视频的操作方法。

扫码看教学视频

步骤 01 在剪映电脑版中导入数字人视频、背景素材和装饰素材，将数字人视频和素材拖到视频轨道中，调整它们在视频轨道中的位置，并将视频和素材的时长调为一致，如图 5-14 所示。

图 5-14　调整视频和素材的时长

步骤02 选择数字人视频，在"画面"操作区中切换至"抠像"选项卡，选中"智能抠像"复选框，如图5-15所示。

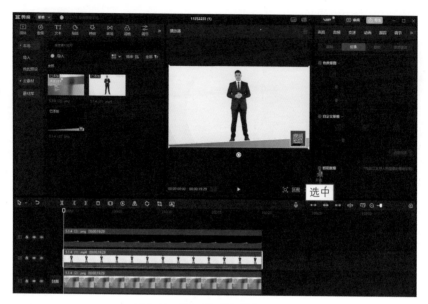

图5-15 选中"智能抠像"复选框

步骤03 稍等片刻，即可将数字人抠取出来，在"画面"操作区中切换至"基础"选项卡，设置数字人的位置参数，如图5-16所示。

图5-16 设置数字人的位置参数

步骤 **04** 执行操作后，在"文本"功能区中切换至"本地字幕"选项卡，单击"导入"按钮，如图 5-17 所示。

步骤 **05** 选择相应的字幕文件，如图 5-18 所示，单击"打开"按钮，导入字幕。

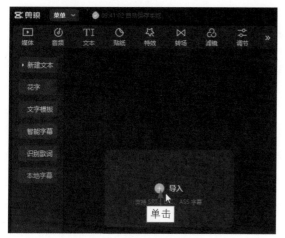

图 5-17　单击"导入"按钮

图 5-18　选择相应的字幕文件

步骤 **06** 将字幕文件添加到轨道中，在"文本"操作区的"预设样式"选项卡中，选择一个合适的预设样式，如图 5-19 所示，调整字幕的文字样式。执行操作后，即可单击"导出"按钮，导出数字人视频。

图 5-19　选择一个合适的预设样式

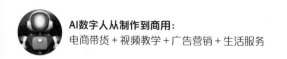

5.2 掌握 AI 数字人的其他功能

除了运用KreadoAI制作数字人视频，用户还可以在KreadoAI中定制专属于自己的AI模特，无须在摄影棚拍，即可快速生成虚拟数字人。本节将介绍KreadoAI中定制AI模特的两种类型。

5.2.1 功能一：上传图片定制 AI 商拍模特

用户在KreadoAI中通过上传真人模特图，可以生成AI模特商拍图，且KreadoAI提供了世界各地不同肤色、样貌的AI商拍模特形象供用户选择。定制AI商拍模特的效果对比如图5-20所示，左侧图为真人模特，右侧图为AI商拍模特，具体的操作方法如下。

扫码看教学视频

图 5-20　定制 AI 商拍模特的效果对比

★专家提醒★

KreadoAI 可以通过识别参考图的衣服，结合数字人模板中的数字人面容形象来定制 AI 模特。

步骤 01 在 KreadoAI 的"立即创作"面板中，单击"更多 AI 工具"选项卡中的"AI 模特"按钮，如图 5-21 所示，进入"AI 模特"页面。

步骤 02 在"真人模特 生成 AI 模特商拍图"选项卡中，单击"立即使用"按钮，如图 5-22 所示，进入"商拍模特"的编辑页面。

图 5-21　单击"AI 模特"按钮

图 5-22　单击"立即使用"按钮

步骤 03 单击"上传真人模特图"按钮，如图 5-23 所示，上传定制 AI 模特的参考图。将鼠标指针定位在"查看图片示例"超链接处，可以看到正确的、能够识别的参考图示例，用户可以按照示例提供参考图。

步骤 04 选择相应的图片，如图 5-24 所示，单击"打开"按钮，即可将参考图导入 KreadoAI。

图 5-23　单击"上传真人模特图"按钮

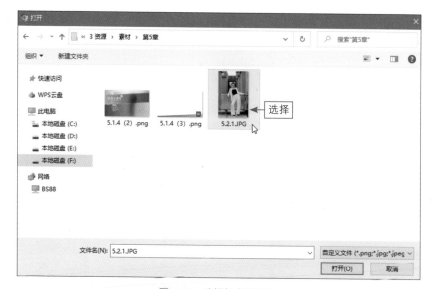

图 5-24　选择相应的图片

步骤 05 单击"点选"按钮, 如图 5-25 所示, 选择需要保留的衣服。

步骤 06 放大显示的图片, 单击"画笔"按钮, 拖曳白色的圆形滑块, 如图 5-26 所示, 选择更多细节。

★ 专 家 提 醒 ★

必要时, 用户可以调整"画笔"的大小, 从而更精准地选择衣服的范围。"画笔大小"的取值范围为 1 ~ 100, 能够满足用户的需求。另外, 当用户在选择衣服范围时发生错误时, 可以单击"撤销"按钮或"橡皮"按钮予以更正。

图 5-25 单击"点选"按钮

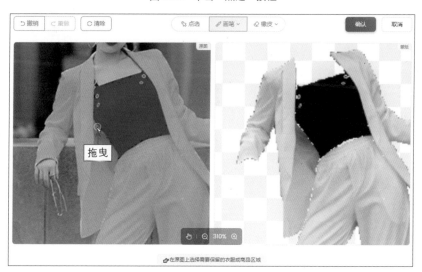

图 5-26 拖曳白色的圆形滑块

步骤 07 确定好选择的衣服范围之后，单击"确认"按钮，如图 5-27 所示。

步骤 08 执行操作后，返回编辑区域，在"快捷模板"选项卡中选择一个合适的 AI 模特模板，如图 5-28 所示。

步骤 09 执行操作后，单击"智能生成"按钮，如图 5-29 所示，稍等片刻，即可生成 4 张 AI 模特图。

步骤 10 选择其中一张图片，如图 5-30 所示，可以放大图片进行预览，同时系统还会与参考图进行对比显示，确认之后，用户可以单击"下载"按钮下载图片。

图 5-27　单击"确认"按钮

图 5-28　选择一个模板

图 5-29　单击"智能生成"按钮

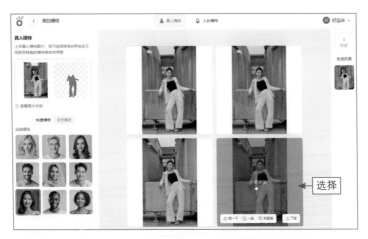

图 5-30　选择其中一张图片

5.2.2　功能二：制作照片数字人口播视频

制作照片数字人口播视频的方法与制作AI数字人视频
的方法类似，不同之处在于前者是选择照片数字人来制作
视频的，效果如图5-31所示，左侧图为参考图，右侧图为AI商拍模特。

扫码看效果视频　扫码看教学视频

图 5-31　定制 AI 商拍模特的效果对比

下面将介绍制作照片数字人口播视频的方法。

步骤01 进入"数字人视频创作"页面，切换至"照片数字人"选项卡，选
择一个合适的数字人形象，如图 5-32 所示。

图 5-32　选择合适的数字人形象

步骤02 选择合适的人物音色和语气风格，输入对应的文本内容，如图 5-33
所示。

图 5-33　输入对应的文本内容

步骤 03 单击"试听"按钮，确认数字人的播报内容。确认无误后，在"相框"菜单中选择"无"选项，如图 5-34 所示，改变数字人的画面呈现方式。

图 5-34　选择"无"选项

步骤 04 单击"生成视频"按钮，完成合成视频的设置之后，用户可以下载视频。

本章小结

本章主要向读者介绍了使用KreadoAI制作AI数字人视频的步骤和定制AI商拍模特、制作照片数字人口播视频的步骤，让大家对KreadoAI这一个AI工具有所了解。其中，使用KreadoAI制作AI数字人视频的步骤是读者应重点关注的内容。

课后习题

鉴于本章知识的重要性，为了帮助读者更好地掌握所学知识，本节将通过课后习题，帮助读者进行简单的知识回顾和补充。

1. 使用KreadoAI制作一个竖屏的AI数字人视频，效果如图5-35所示。

扫码看效果视频　扫码看教学视频

图 5-35　竖屏的 AI 数字人视频效果

2. 使用KreadoAI定制一个AI商拍模特，效果如图5-36所示，左侧图为参考图，右侧图为AI商拍模特。

扫码看教学视频

图 5-36　定制 AI 商拍模特的效果对比

第6章 腾讯智影：创建定制化的 AIGC 数字人

　　虚拟数字人结合运用了计算机技术和人工智能技术等新科技，能够以数字化的形式表现各种人物角色，还可以通过语音交互、动作表达等操作实现互动性和视觉上的逼真效果。本章主要以腾讯智影为例，介绍虚拟数字人的生成方法，帮助大家快速创建虚拟数字人视频。

6.1 生成 AI 虚拟数字人的 8 个步骤

　　"数字人播报"是由腾讯智影数字人团队研发多年不断完善推出的在线智能数字人视频创作功能，力求让更多的人借助数字人实现内容产出，高效率地制作播报视频。本节主要介绍使用"数字人播报"功能生成AI虚拟数字人的8个步骤，视频效果如图6-1所示。

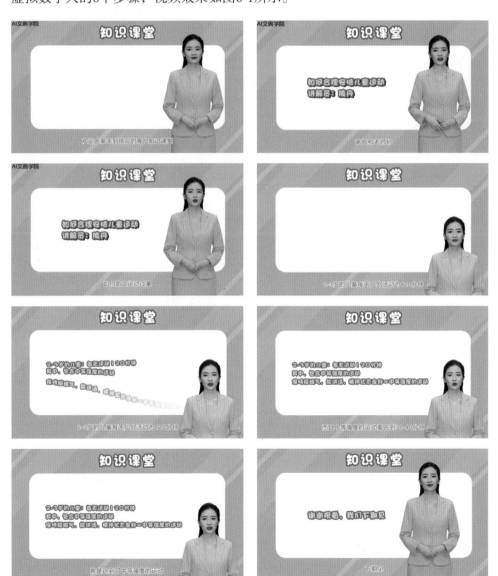

图 6-1　AI 虚拟数字人视频效果

★ 专家提醒 ★

本节以一个主题为"知识课堂"的 AI 虚拟数字人视频为例进行讲解，制作思路是先确定数字人，然后导入播报内容、修改视频中的文字，最后添加字幕，确认无误后合成视频。本节先介绍腾讯智影中数字人的功能页面，然后再详细讲解制作 AI 虚拟数字人视频的步骤。

6.1.1 第一步：熟悉功能页面

"数字人播报"功能页面融合了轨道剪辑和数字人内容编辑窗口，可以一站式完成"数字人播报＋视频创作"流程，让用户方便、快捷地制作各种数字人视频作品，并激发更大的视频创意空间，拓宽使用场景。

"数字人播报"功能页面分为7个板块，如图6-2所示，用户可以借助各板块中的功能，完成数字人视频的创作。

图 6-2　"数字人播报"功能页面

❶ 主显示／预览区：也称为预览窗口，可以选择画面上的任一元素，在右侧显示的编辑区中进行调整，包括画面内的字体（大小、位置和颜色）、数字人（内容、形象和动作）、背景及其他元素等。在预览窗口的底部，可以调整视频画布的比例和控制数字人的字幕开关。

❷ 轨道区：位于预览区的下方，单击"展开轨道"按钮后，可以对数字人视频进行更精细的轨道编辑，在轨道上可以调整各个元素的位置关系和持续时间，同时还可以编辑数字人轨道上的动作插入位置，如图6-3所示。

图 6-3　轨道区

❸ 编辑区：与预览区中选择的元素相关联，默认显示"播报内容"选项卡，可以调整数字人的驱动方式和口播文案。

❹ 工具栏：页面最左侧为工具栏，可以在视频项目中添加新的元素，如选择套用官方模板、增加新的页面、替换图片背景、上传媒体素材，以及添加音乐、贴纸、花字等素材。单击对应的工具按钮后，会在工具栏右侧的面板中显示相关设置选项。

❺ 工具面板：和左侧工具栏相关联，展示相关工具的使用选项，可以单击右侧的收缩按钮《折叠工具面板。

❻ 文件命名区：在此处可以编辑文件名称，并可以查看项目文件的保存状态。

❼ 合成按钮区：确认数字人视频编辑完成后，可以单击"合成视频"按钮开始生成视频，生成后的数字人视频包括动态动作和口型匹配的画面。单击"合成视频"按钮旁边的"？"按钮，可以查看操作手册、联系在线客服、切换纯净版。

　　"数字人播报"功能保留了纯净版功能入口，用户可以单击右上角的"？"按钮，在弹出的列表中选择"前往纯净版"选项，如图6-4所示。

图 6-4　选择"前往纯净版"选项

　　执行操作后，即可切换为纯净版的"数字人播报"功能页面，如图6-5所示。纯净版仅支持简单的数字人创作使用场景，常用于制作固定图片背景的数字人视频。

图 6-5　纯净版的"数字人播报"功能页面

6.1.2　第二步：选择数字人模板

扫码看教学视频

"数字人播报"功能页面中提供了大量的特定场景模板，用户可以直接选择，从而提升创作效率，具体操作方法如下。

步骤 01 在工具栏中单击"模板"按钮，展开"模板"面板，在"横版"选项卡中选择相应的数字人模板，如图 6-6 所示。

图 6-6　选择相应的数字人模板

步骤 02 执行操作后，在弹出的对话框中可以预览该数字人模板的视频效果，如图 6-7 所示，单击"应用"按钮。

图 6-7　预览数字人模板的视频效果

步骤 03 执行操作后，弹出"使用模板"对话框，单击"确定"按钮，即可替换当前轨道中的模板，如图 6-8 所示。用户可以根据需要删除一些不必要的 PPT 页面。

图 6-8　替换当前轨道中的模板

6.1.3　第三步：设置数字人形象

腾讯智影支持丰富的2D（Two Dimensional）数字人形象，而且不同的数字人均配置了多套服装、姿势、形状和动作，并支持更换画面背景。下面介绍设置数字人人物形象的操作方法。

扫码看教学视频

步骤 01 在工具栏中单击"数字人"按钮，展开"数字人"面板，切换至 2D 选项卡，选择相应的数字人形象，即可改变所选 PPT 页面中的数字人形象，如

图 6-9 所示。使用相同的操作方法，替换轨道中其他 PPT 页面的数字人形象。

图 6-9 选择相应的数字人形象

步骤02 在预览区中选择数字人，在编辑区的"数字人编辑"选项卡中，可以选择相应的服装颜色，即可改变数字人的服装效果，如图 6-10 所示。使用相同的操作方法，为其他 PPT 页面的数字人更换服装颜色。

图 6-10 选择相应的服装颜色

步骤03 在"形状"选项区中，除了默认的全身形象，系统还提供了 4 种不同形状的展示效果，包括圆形、方形、星形和心形，如图 6-11 所示。这些形状的原理就是蒙版，能够遮住形状外的数字人身体部分，用户可以拖曳白色的方框，调整数字人在形状中的位置。

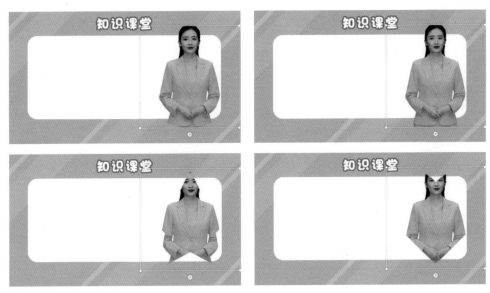

图 6-11　4 种不同形状的展示效果

步骤 04 在轨道区选择相应的 PPT 页面，在预览区中选择数字人，在编辑区的"动作"选项卡中，切换至"中性表达"选项区，选择相应的动作选项，在预览图中单击➕按钮，如图 6-12 所示。

图 6-12　单击相应的按钮

步骤05 执行操作后，即可展开轨道区，并添加相应的动作，调整该动作的位置，如图 6-13 所示。

图 6-13　调整动作的位置

步骤06 选择第 2 页 PPT 中的数字人，在编辑区中切换至"画面"选项卡，设置"*X* 坐标"为 424、"*Y* 坐标"为 213、"缩放"为 100%、"亮度"为 2，调整数字人的位置、大小和亮度，如图 6-14 所示。

图 6-14　调整数字人的位置、大小和亮度

6.1.4 第四步：修改播报内容

完成数字人形象的设置后，可在"播报内容"文本框中输入或修改相应的内容，并支持对播报内容的精细化调整，具体操作方法如下。

步骤 01 选择第 1 页 PPT，在编辑区的"播报内容"选项卡中，在文本框中修改相应的文字内容，如图 6-15 所示。

步骤 02 在"播报内容"选项卡底部单击 婉清 1.0x 音色按钮，如图 6-16 所示。

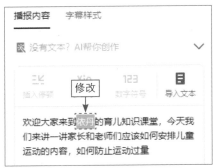

图 6-15 修改相应的文字内容

图 6-16 单击音色按钮

步骤 03 执行操作后，弹出"选择音色"对话框，在其中对场景、性别和年龄进行筛选，并选择一种合适的女声音色，如图 6-17 所示。单击"确认"按钮，即可修改数字人的音色。

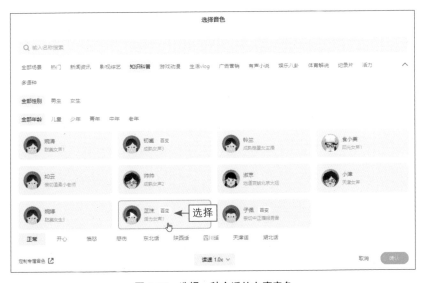

图 6-17 选择一种合适的女声音色

★ 专 家 提 醒 ★

在"选择音色"对话框中，单击"定制专属音色"按钮进入该功能页面，用户可以在此上传音频文件并训练声音模型，实现声音克隆，如图 6-18 所示。

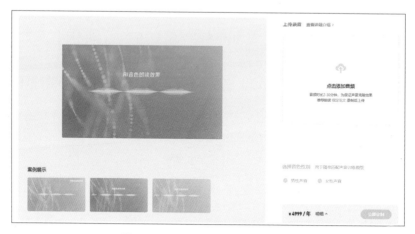

图 6-18 "定制专属音色"功能页面

步骤 04 单击"保存并生成播报"按钮，即可根据文字内容生成相应的语音播报，如图 6-19 所示。

图 6-19 生成相应的语音播报

步骤 05 用相同的方法，修改第 3 页 PPT 的文字内容，并生成相应的语音播报，如图 6-20 所示。

图 6-20 生成第 3 页 PPT 的语音播报

6.1.5 第五步：导入自定义内容

扫码看教学视频

除了直接输入播报内容，用户还可以导入由ChatGPT等AI文案工具生成的自定义播报内容，提升播报内容的编辑效率，具体操作方法如下。

步骤 01 选择第 2 页 PPT，清空模板中的播报内容，在编辑区的"播报内容"选项卡中单击"导入文本"按钮，如图 6-21 所示。

图 6-21 单击"导入文本"按钮

步骤 02 执行操作后，弹出"打开"对话框，选择相应的文本文件，如图 6-22 所示，单击"打开"按钮。

步骤 03 执行操作后，即可导入文本文件中的播报内容，如图 6-23 所示。

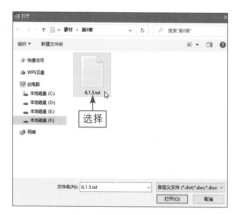

图 6-22　选择相应的文本文件　　　　图 6-23　导入文本文件中的播报内容

★ 专 家 提 醒 ★

将鼠标光标定位到文字的结尾处，单击"插入停顿"按钮，在弹出的列表中可以选择"停顿（0.5秒）"选项，执行操作后，即可在文字结尾处插入一个停顿标记，数字人播报到这里会停顿 0.5 秒再往下读。

在"播报内容"选项卡下方的文本框中，选择单个文字后，单击"多音字"按钮，在弹出的列表中可以选择该文字在当前语境中的正确读音。

步骤 04 设置相应的音色，单击"保存并生成播报"按钮，即可根据文字内容生成语音播报，如图 6-24 所示。

图 6-24　生成相应的语音播报

6.1.6　第六步：编辑视频的文字

用户可以随意编辑数字人视频中的文字效果，包括新建文本、修改文本内容和修改文本样式等，具体操作方法如下。

扫码看教学视频

步骤01 在预览区中选择相应的文本，在编辑区的"样式编辑"选项卡中，修改文本内容，如图6-25所示。

图6-25 修改文本内容

步骤02 在编辑区的"样式编辑"选项卡中，选中"阴影"复选框，保持默认设置，即可给文字添加阴影效果，如图6-26所示。

图6-26 给文字添加阴影效果

步骤 03 在工具栏中单击"文字"按钮，展开"文字"面板，在"花字"选项卡中选择"文本"选项，即可新建默认文本，如图 6-27 所示。

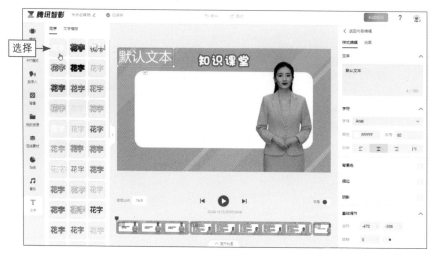

图 6-27　新建默认文本

步骤 04 在编辑区的"样式编辑"选项卡中，输入相应的文本内容，设置"颜色"为黑色（050505）、"字号"为 30，调整字符属性，并适当调整文本的持续时间，使其与该 PPT 页面的数字人时长保持一致，如图 6-28 所示。

图 6-28　调整文本的字符属性和持续时间

步骤 05 选择第 2 页 PPT，在预览区中选择相应的文本，在编辑区的"样式编辑"选项卡中，修改文本内容，如图 6-29 所示。

图 6-29 修改第 2 页 PPT 的文本内容

步骤 06 在预览区域中，调整文本框的大小和位置，如图 6-30 所示。

图 6-30 调整文本框的大小和位置

6.1.7 第七步：设置字幕样式

用户可以开启"字幕"功能，在数字人视频中显示语音播报的同步字幕内容，具体操作方法如下。

扫码看教学视频

步骤**01** 在预览区右下角开启"字幕"功能，即可显示字幕，并适当调整其位置，如图 6-31 所示。

图 6-31　显示字幕并调整其位置

步骤**02** 切换至"字幕样式"选项卡，选择一个合适的预设样式，并设置"字号"为 30，改变字幕的样式和字体大小，效果如图 6-32 所示。

图 6-32　改变字幕的样式和字体大小

步骤**03** 使用与上面相同的操作方法，调整其他 PPT 页面中的字幕效果。

6.1.8　第八步：合成视频

扫码看教学视频

当用户设置好数字人视频内容后，即可单击"合成视频"按钮快速生成视频，具体操作方法如下。

步骤01 在"数字人播报"功能页面的右上角，单击"合成视频"按钮，如图 6-33 所示。

图 6-33　单击"合成视频"按钮

步骤02 执行操作后，弹出"合成设置"对话框，输入相应的名称，在"分辨率"下拉列表中选择"1080P 超清（适合高品质追求）"选项，如图 6-34 所示，单击"确定"按钮。

步骤03 弹出信息提示框，单击"确定"按钮即可，如图 6-35 所示。

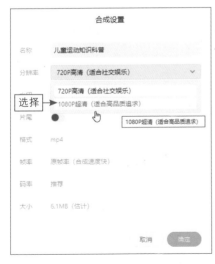

图 6-34　选择"1080P 超清（适合高品质追求）"
选项

图 6-35　单击"确定"按钮

步骤 04 执行操作后，进入"我的资源"页面，稍等片刻，即可合成视频。合成视频后，单击下载按钮，如图 6-36 所示，即可保存数字人视频。

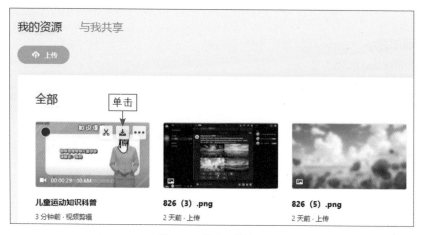

图 6-36　单击下载按钮

6.2　修改 AI 虚拟数字人的 8 种方法

腾讯智影的"数字人播报"功能不仅具有功能丰富、操作易上手、制作成本低等特点，而且还支持专属定制等，用户可以修改数字人的背景、音乐和文字效果等，制作出个性十足的虚拟数字人视频。

6.2.1　方法一：使用 PPT 模式编辑

用户在腾讯智影中创建或编辑数字人视频时，可以像编辑PPT一样进行操作，效果如图6-37所示。

扫码看效果视频　扫码看教学视频

图 6-37　以 PPT 模式编辑的数字人效果

使用PPT模式编辑数字人视频的操作方法如下。

步骤01 展开"模板"面板，选择一个合适的数字人模板，如图6-38所示。

图 6-38　选择一个合适的数字人模板

步骤02 展开"PPT模式"面板，单击"新建页面"按钮，如图6-39所示。

图 6-39　单击"新建页面"按钮

步骤03 执行操作后，即可新建一个只有模板背景的空白PPT页面，如图6-40所示，用户可以在其中添加新的数字人、文字和贴纸等元素。

步骤04 单击相应PPT缩略图右上角的"删除"按钮 🗑，如图6-41所示，即可删除该PPT页面。

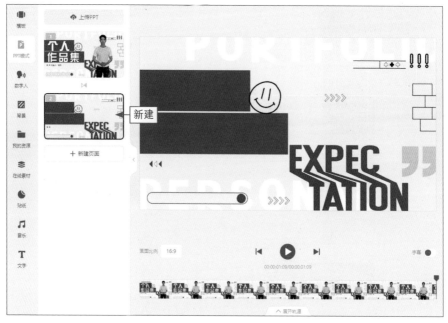

图 6-40　新建一个只有模板背景的空白 PPT 页面

步骤05 单击"上传 PPT"按钮，弹出"打开"对话框，选择相应的 PPT 素材文件，如图 6-42 所示，单击"打开"按钮。

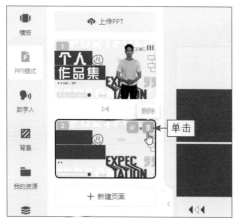

图 6-41　单击"删除"按钮

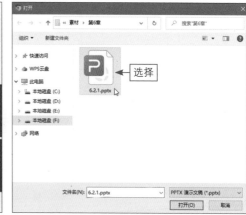

图 6-42　选择相应的 PPT 素材文件

步骤06 弹出"即将导入PPT"对话框，系统会提示用户选择导入方式，单击"覆盖当前内容"按钮即可，如图 6-43 所示。

步骤07 稍待片刻，即可上传 PPT 文件，并在每个 PPT 页面中自动添加合适的数字人，如图 6-44 所示。

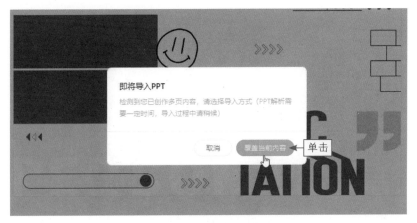

图 6-43　单击"覆盖当前内容"按钮

图 6-44　自动添加合适的数字人

步骤 08 适当调整数字人的大小和位置，并添加和生成对应的播报内容。确认无误后，可以单击"合成视频"按钮，合成数字人视频。

6.2.2　方法二：修改视频的背景

用户在编辑数字人视频时，可以修改其背景，包括图片背景、纯色背景和自定义背景等方式，效果如图6-45所示。

扫码看效果视频　扫码看教学视频

图 6-45　修改视频背景的效果

　　修改视频背景的操作方法如下。

　　步骤01 新建一个默认的数字人视频，展开"背景"面板，在"图片背景"
选项卡中选择一张背景图片，即可改变数字人视频的背景效果，如图 6-46 所示。

图 6-46　改变数字人视频的背景效果

步骤02 切换至"纯色背景"选项卡，选择一个色块，即可将数字人视频的背景变成纯色背景，效果如图6-47所示。

图6-47 将数字人视频的背景变成纯色背景

★ 专家提醒 ★

在预览区中选择背景图片后，用户可以在编辑区中单击"删除背景"按钮，将背景删除；也可以单击"替换背景"按钮，选择其他的背景效果。

步骤03 切换至"自定义"选项卡，单击"本地上传"按钮，如图6-48所示。

步骤04 执行操作后，弹出"打开"对话框，选择相应的图片素材，如图6-49所示，单击"打开"按钮。

图6-48 单击"本地上传"按钮

图6-49 选择相应的图片素材

步骤 **05** 执行操作后，即可上传图片素材，在"自定义"选项卡中选择上传的图片素材，即可改变数字人视频的背景。适当删除不必要的元素，并调整文字颜色，如图 6-50 所示。

图 6-50 适当调整文字颜色

6.2.3 方法三：上传资源合成素材

用户可以在"数字人播报"功能页面中上传并使用各种素材，包括视频、音频和图片等，效果如图6-51所示。

扫码看效果视频　扫码看教学视频

图 6-51 通过音频驱动数字人的效果

步骤 **01** 展开"模板"面板，选择一个合适的数字人模板，如图 6-52 所示，并删除多余的文字元素和播报内容。

步骤 **02** 展开"我的资源"面板，单击"本地上传"按钮，如图 6-53 所示。

步骤 **03** 执行操作后，弹出"打开"对话框，选择相应的音频素材，如图 6-54 所示，单击"打开"按钮上传音频素材。

图 6-52 选择一个合适的数字人模板

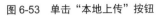

图 6-53 单击"本地上传"按钮

图 6-54 选择相应的音频素材

步骤04 执行操作后，在编辑区的"播报内容"选项卡下方单击"使用音频驱动播报"按钮，如图 6-55 所示。

步骤05 执行操作后，自动展开"我的资源"面板中的"音频"选项区，选择刚才上传的音频素材，如图 6-56 所示。

步骤06 执行操作后，即可将该音频素材添加到轨道区中，如图 6-57 所示。

步骤07 与此同时，系统会使用该音频来驱动数字人，用户可以更换数字人形象，预览并合成视频。

图 6-55　单击"使用音频驱动播报"按钮

图 6-56　选择刚才上传的音频素材

图 6-57　将音频素材添加到轨道中

★ 专 家 提 醒 ★

需要注意的是，用户在编辑数字人视频时，轨道区中的数字人仅显示静态的形象，只能在预览模板时或合成视频后才能查看动态效果。

6.2.4　方法四：使用在线素材编辑

除了上传自定义的素材，腾讯智影还提供了很多在线素材，以供用户使用，包括综艺、电影、电视剧、片头、

扫码看效果视频　扫码看教学视频

片尾等素材资源。

展开"在线素材"面板，在"腾讯视频"选项卡中，可以看到各种影视资源，如图6-58所示。不过，用户需要绑定腾讯内容开放平台的账号完成授权并签署协议，才能使用其中的素材，同时发布内容后还可以享受腾讯多平台分成收益。

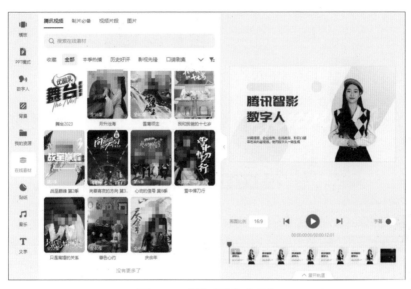

图 6-58　"腾讯视频"选项卡

使用在线素材编辑数字人视频的效果如图6-59所示，具体的操作方法如下。

图 6-59　使用在线素材编辑数字人视频的效果

步骤 **01** 展开"模板"面板,在"竖版"选项卡中选择一个合适的数字人模板,如图 6-60 所示,删除视频画面中的部分元素,修改播报内容,并更换数字人形象。

图 6-60 选择一个合适的数字人模板

步骤 **02** 展开"在线素材"面板,切换至"制片必备"|"片头"选项卡,选择相应的片头素材,如图 6-61 所示。

步骤 **03** 执行操作后,在弹出的对话框中可以预览片头效果,单击"添加"按钮,如图 6-62 所示。

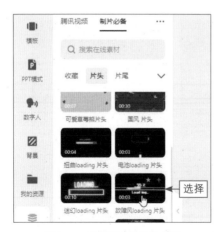

图 6-61 选择相应的片头素材

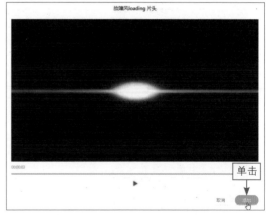

图 6-62 单击"添加"按钮

步骤 **04** 执行操作后,即可将片头素材添加到轨道区中,在编辑区的"视频编辑"选项卡中设置"缩放"为 100%,调整片头素材的大小,如图 6-63 所示。

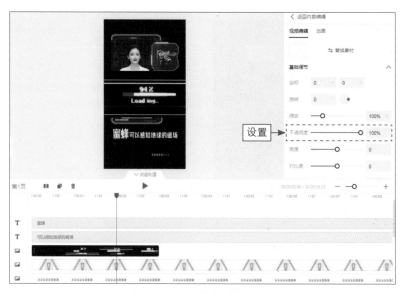

图 6-63　调整片头素材的大小

步骤05 在轨道区中，选中数字人和文字等素材，将其拖至片头素材结束的位置，使两者不会重叠出现，如图 6-64 所示。

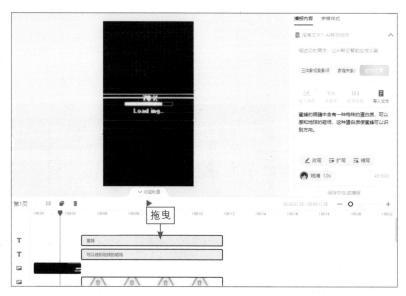

图 6-64　拖曳数字人和文字等素材

步骤06 将时间轴拖至视频结束的位置，在"在线素材"面板中切换至"制片必备" | "片尾"选项卡，在相应的片尾素材上单击 ➕ 按钮，将其添加到轨道中，并适当调整其大小，如图 6-65 所示。执行操作后，可以预览并合成视频。

图 6-65　调整片尾素材的大小

6.2.5　方法五：添加创意贴纸

扫码看效果视频　扫码看教学视频

腾讯智影提供了许多贴纸效果，在编辑数字人视频时，用户可以在"贴纸"面板中找到自己喜欢的贴纸，然后添加到轨道上，效果如图6-66所示。贴纸的种类包括图形、马赛克、表情包和综艺字等，可以增强视频的视觉效果和创意性。

图 6-66　添加创意贴纸的视频效果

下面介绍给数字人视频添加创意贴纸的操作方法。

步骤01 展开"模板"面板，选择一个合适的数字人模板，如图6-67所示。

图6-67　选择一个合适的数字人模板

步骤02 展开"贴纸"面板，在搜索框中输入并搜索"直播中"，在搜索结果中选择合适的选项，将该贴纸添加到轨道中，如图6-68所示。

图6-68　将贴纸添加到轨道中

步骤03 在编辑区的"贴纸编辑"|"基础调节"选项区中设置"X坐标"为154、"Y坐标"为-332、"缩放"为47%，调整贴纸的位置和大小，如图6-69所示。

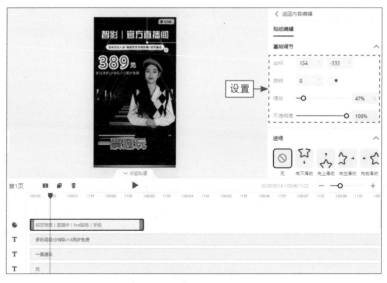

图 6-69　调整贴纸的位置和大小

步骤 04 适当调整贴纸的持续时间，使其与数字人的时长保持一致，如图 6-70 所示，执行操作后，即可预览并合成视频。

图 6-70　调整贴纸的持续时间

6.2.6　方法六：修改背景音乐

在使用腾讯智影制作数字人视频时，用户还可以给视频添加各种背景音乐和音效，让数字人视频更加生动、有趣，效果如图6-71所示。

扫码看效果视频　　扫码看教学视频

图 6-71 修改视频的背景音乐

下面介绍修改数字人视频背景音乐的操作方法。

步骤 01 展开"模板"面板，选择一个合适的数字人模板，如图 6-72 所示。

图 6-72 选择一个合适的数字人模板

步骤 02 单击 🙂 照清 1.0x 音色按钮，修改数字人的播报音色，如图 6-73 所示，单击"保存并生成播报"按钮，确认生成播报音色。

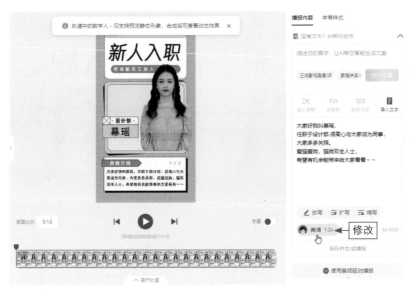

图 6-73　单击相应的按钮（1）

步骤03 展开"音乐"面板，在"音乐"选项卡中选择相应的背景音乐，单击 按钮，如图 6-74 所示。

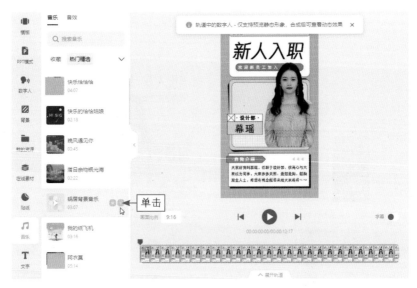

图 6-74　单击相应的按钮（2）

步骤04 执行操作后，即可将背景音乐添加到视频轨道中，调整背景音乐的时长，让其与数字人的时长保持一致，如图 6-75 所示。

图 6-75　调整背景音乐的时长

步骤 05 在"音乐编辑"选项卡中，设置背景音乐的"音量"为50%、"淡入时间"和"淡出时间"均为1.0，如图 6-76 所示，增强背景音乐的效果。完成设置后，可以合成并导出数字人视频。

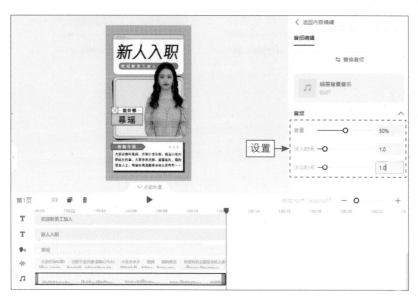

图 6-76　设置背景音乐

6.2.7　方法七：添加文字

在使用腾讯智影制作数字人视频时，用户可以添加花字，让数字人视频更加丰富多彩，提高观众的观看体验，效果如图6-77所示。

扫码看效果视频　扫码看教学视频

下面介绍给数字人视频添加花字的操作方法。

步骤 01 展开"模板"面板，选择一个合适的数字人模板，如图 6-78 所示。

步骤 02 修改播报内容，单击"保存并生成播报"按钮，如图 6-79 所示，生成新的播报内容。

图 6-77　添加文字的数字人视频效果

图 6-78　选择一个合适的数字人模板

图 6-79　单击"保存并生成播报"按钮

步骤 03 删除多余的文字元素，展开"数字人"面板，选择相应的数字人形象，改变数字人的形象，效果如图 6-80 所示。

步骤 04 展开"文字"面板，在"花字"选项卡中选择相应的花字样式，添加花字，在编辑区中修改文本内容，设置"字号"为 50，调整花字的大小，并适当调整花字的位置，如图 6-81 所示。

图6-80 选择相应的数字人形象

图6-81 添加并调整花字

步骤05 在"文字"面板中切换至"文字模板"选项卡，选择相应的文字模板，将其添加至轨道中，在编辑区中修改文本内容和字体，并适当调整文字模板的位置和大小，如图6-82所示。

步骤06 适当调整所有文字和装饰元素的持续时长，与数字人播报内容的时间保持一致，如图6-83所示。合成并导出数字人视频。

图 6-82　添加并调整文字模板

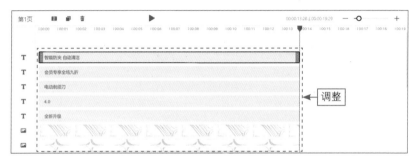

图 6-83　调整所有文字和装饰元素的持续时长

6.2.8　方法八：修改画面比例

在腾讯智影中，用户可以修改数字人视频的画面比例，比如选择固定的横纵比，或者自由设置画面比例，效果如图6-84所示。

扫码看效果视频　扫码看教学视频

图 6-84　修改数字人视频画面比例的效果

下面介绍给数字人视频修改画面比例的操作方法。

步骤 01 展开"模板"面板，选择一个合适的数字人模板，如图 6-85 所示。

图 6-85　选择一个合适的数字人模板

步骤 02 展开"PPT 模式"面板，单击第 3 页 PPT 上的删除按钮，如图 6-86 所示，减少数字人视频的页面。

图 6-86　单击删除按钮

步骤03 单击"画面比例"右侧的参数，在弹出的列表中选择 4∶3 选项，如图 6-87 所示，即可改变画面比例。最后合成并导出数字人视频。

图 6-87　选择 4∶3 选项

本章小结

　　本章主要向读者介绍了腾讯智影的"数字人播报"功能，具体内容包括熟悉"数字人播报"功能页面、选择合适的数字人模板、设置数字人的人物形象、修改数字人的播报内容、导入自定义的播报内容、编辑数字人视频的文字效果、设置数字人视频的字幕样式、合成数字人视频、使用PPT模式编辑数字人视频、修改数字人视频的背景、修改数字人视频的背景音乐、添加文字、修改数字人视频的画面比例等。

　　学会本章内容，读者能够更好地掌握使用腾讯智影制作数字人视频的操作方法。

课后习题

　　鉴于本章知识的重要性，为了帮助读者更好地掌握所学知识，本节将通过课后习题，帮助读者进行简单的知识回顾和补充。

　　1.使用腾讯智影制作一个花店活动数字人视频，效果如图6-88所示。

扫码看效果视频　扫码看教学视频

图 6-88　花店活动数字人视频效果

2. 使用腾讯智影制作一个蓝色知识课堂数字人视频，效果如图6-89所示。

扫码看效果视频　扫码看教学视频

图 6-89　蓝色知识课堂数字人视频效果

【专题实战】

第 7 章　电商带货：《小红书好物种草》

　　在当今竞争激烈的商业环境中，AI虚拟数字人为营销推广提供了全新的视角和思路。例如，在小红书等线上购物平台，AI虚拟数字人可以作为带货达人，为消费者提供个性化的购物建议。本章主要通过一个综合实例——《小红书好物种草》，介绍使用ChatGPT＋腾讯智影制作营销推广数字人视频的实战技巧。

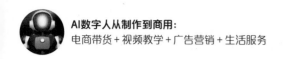

7.1 《小红书好物种草》视频的效果

扫码看效果视频

《小红书好物种草》视频的制作思路：首先运用ChatGPT生成视频文案，然后选择合适的数字人来进行多肉开箱分享，最后进行修改文字、添加背景音乐等编辑工作，合成一个完整的好物分享视频，效果展示如图7-1所示。

图 7-1　《小红书好物种草》视频效果展示

7.2　制作《小红书好物种草》视频的步骤

首先使用ChatGPT来生成数字人的口播文案内容，然后通过文本来驱动腾讯智影数字人，为数字人注入生动有趣的灵魂，并让数字人更加符合观众的口味和需求，同时为短视频带货增添无限可能。

7.2.1　步骤一：使用 ChatGPT 生成文案

扫码看教学视频

ChatGPT是一种大型语言模型，具有出色的自然语言生成和理解能力。在ChatGPT中，用户可以通过输入一个聊天会话的提示词，让ChatGPT模仿小红书的文案风格来介绍一款产品，具体操作方法如下。

步骤01 在 ChatGPT 的对话窗口中，输入相应的提示词，让 ChatGPT 充当带货主播的角色，并给出了具体的主题，如图 7-2 所示。

> 现在你是一位带货主播，请模仿小红书平台的文案风格，撰写一段多肉开箱的短视频带货口播文案。　　←输入

图 7-2　输入相应的提示词

步骤02 按【Enter】键确认，ChatGPT 即可模仿小红书的风格生成文案，具体内容如图 7-3 所示。

> 🟢 **ChatGPT**
>
> 🌵【🔆】今天，多肉迷们的福音来啦！我们带来了一批新的多肉宝贝，每一颗都是如此可爱，犹如大自然的小精灵🪴，让你的生活更加多姿多彩！
>
> 📃开箱时间！看看这些多肉宝贝都有什么特点！第一颗，来自墨西哥的多肉仙人掌，色彩斑斓如火焰，绽放着夏日的热情🔥。第二颗，叶片厚实，清新的翠绿，宛如翡翠一般晶莹剔透。第三颗，可爱的小仙球，一颗颗圆滚滚的，装点你的阳台或书桌，仿佛是一颗颗糖果🍬。
>
> 🪴除了可爱外，这些多肉宝贝还非常易养！只需要适量的阳光☀️和适量的水分💧，它们就会茁壮成长。简直是懒人养花的最佳选择！每一颗多肉都有着独特的外表和个性，为你的生活增色不少。
>
> 🛒想要带走这些多肉小可爱吗？赶紧点击链接，把它们带回家吧！多肉，不仅是一种植物，更是一种生活的态度，让我们一起享受这份小幸福吧！#多肉控##植物带货##多肉开箱##生活美学#

图 7-3　模仿小红书的风格生成文案

步骤03 对提示词进行适当修改，补充一些商品的亮点，让 ChatGPT 生成更加符合需求的短视频文案，相关指令和回复内容如图 7-4 所示。

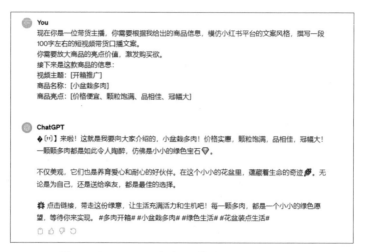

图 7-4　让 ChatGPT 生成更加符合需求的短视频文案

7.2.2　步骤二：选择合适的数字人模板

扫码看教学视频

腾讯智影内置了很多营销推广类的数字人模板，用户可以根据自己的需求和商品特点选择适合的模板，具体操作方法如下。

步骤01 进入腾讯智影的"创作空间"页面，单击"数字人播报"选项区中的"去创作"按钮，如图 7-5 所示。

图 7-5　单击"去创作"按钮

步骤02 执行操作后，进入"数字人播报"功能页面，展开"模板"面板，单击"竖版"按钮，如图 7-6 所示。

图7-6　单击"竖版"按钮

步骤03 切换至"竖版"选项卡，选择"新品推荐"模板，单击预览图右上角的按钮，弹出"使用模板"对话框，单击"确定"按钮，如图7-7所示。

图7-7　单击"确定"按钮

★ 专家提醒 ★

"新品推荐"这个模板以数字人的形式发布新品，介绍新品的卖点和特色，还可以在视频中介绍新品的外观、性能和价格等信息，激发观众的购买欲望。

步骤 04 执行操作后，即可替换当前轨道中的模板，并删除不需要的文字元素，如图 7-8 所示。

图 7-8　替换当前轨道中的模板

7.2.3　步骤三：运用文本驱动数字人

使用ChatGPT获得满意的文案后，我们还可以对其内容进行适当删减和修改，从而更好地驱动数字人。下面介绍使用文本驱动数字人的操作方法。

扫码看教学视频

步骤 01 在编辑区中清空模板中的文字内容，单击"导入文本"按钮，导入整理好的文本内容，如图 7-9 所示。

步骤 02 将鼠标光标定位到文中的相应位置，单击"插入停顿"按钮，插入一个 1 秒的停顿标记，如图 7-10 所示。

图 7-9　导入文本内容

图 7-10　插入停顿标记

步骤 03 在"播报内容"选项卡底部单击 🎙娱小影 1.0x 音色按钮，弹出"选择音色"对话框，在其中对场景（新闻资讯）和性别（女生）进行筛选，选择一个合适的女声音色，并使用"开心"的语调，单击"确认"按钮，如图 7-11 所示。

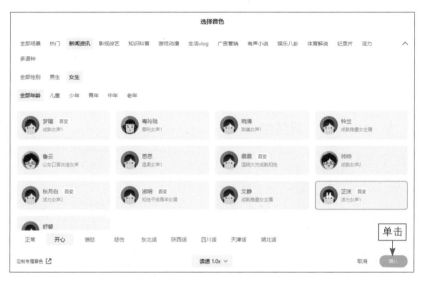

图 7-11　单击"确认"按钮

步骤 04 执行操作后，即可修改数字人的音色，单击"保存并生成播报"按钮，即可根据文字内容生成相应的语音播报，同时数字人轨道的时长也会根据文本配音的时长而改变，如图 7-12 所示。

图 7-12　根据文字内容生成相应的语音播报

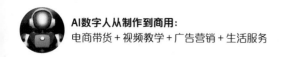
7.2.4 步骤四：改变数字人外观形象

腾讯智影提供了多种数字人形象编辑工具，可以帮助用户实现数字人形象的快速定制和优化。下面介绍改变数字人外观形象的操作方法。

步骤 01 在预览区中选择数字人，在编辑区的"数字人编辑"选项卡中，可以选择相应的服装，即可改变数字人的服装效果，如图 7-13 所示。

图 7-13　改变数字人服装的效果

★ 专家提醒 ★

腾讯智影提供了丰富的数字人形象供用户选择，并将持续进行更新。2D 数字人可以选择"依丹""蓓瑾""静芙""云燕"进行动作设置，3D 数字人可以选择"智能动作"形象，根据文案内容智能插入匹配的动作。

步骤 02 在编辑区中切换至"画面"选项卡，设置"X 坐标"为 -136、"Y 坐标"为 18、"缩放"为 90%，如图 7-14 所示，调整数字人的位置和大小，给商品视频留出更多的空间。

除了调整数字人的位置和大小，用户还可以根据需要调整数字人画面的"不透明度""亮度""对比度""饱和度""褪色"等参数，让数字人看起来更符合观众的审美需求。

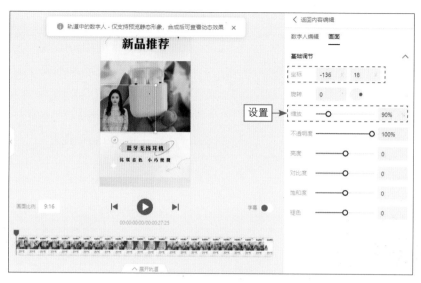

图 7-14　调整数字人的位置和大小

7.2.5　步骤五：更换视频内容（上传视频素材）

用户可以上传自定义的商品视频，替换模板中的视频，具体操作方法如下。

扫码看教学视频

步骤01 在预览区中选择视频素材，在编辑区的"视频编辑"选项卡中单击"替换素材"按钮，如图 7-15 所示。

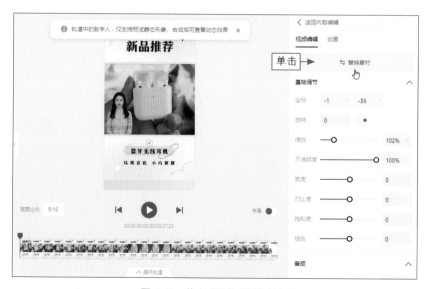

图 7-15　单击"替换素材"按钮

步骤 02 执行操作后，即可展开"我的资源"面板，单击"本地上传"按钮，如图 7-16 所示。

图 7-16　单击"本地上传"按钮

步骤 03 执行操作后，弹出"打开"对话框，选择相应的视频素材，单击"打开"按钮，即可上传视频素材。在"视频"选项卡中选择上传的视频素材，即可替换模板中的视频，如图 7-17 所示。

图 7-17　替换模板中的视频

7.2.6　步骤六：更改文字内容（结合视频修改）

扫码看教学视频

数字人模板中自带了一些文字元素，用户可以根据营销推广视频的需求，更改其中的文字内容，具体操作方法如下。

步骤01 在预览区中选择相应的文本，在编辑区的"样式编辑"选项卡中，适当修改文本内容，并设置合适的字体、颜色和字号，如图7-18所示。

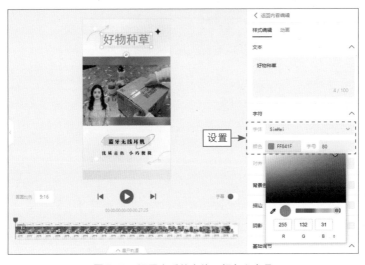

图7-18　设置合适的字体、颜色和字号

步骤02 选中"阴影"复选框，设置合适的阴影颜色，并将"不透明度"设置为50%，为文字添加阴影效果，如图7-19所示。

图7-19　为文字添加阴影效果

步骤03 切换至"动画"选项卡，在"进场"选项区中选择"放大"选项，即可给所选文本添加一个逐渐放大的进场动画效果，如图 7-20 所示。

图 7-20　添加进场动画效果

步骤04 使用相同的操作方法，更改数字人模板中的其他文字内容，并根据需要设置字体，如图 7-21 所示。

图 7-21　更改其他文字内容并设置字体

7.2.7　步骤七：添加背景音乐（上传音频文件）

给营销推广类的数字人视频添加合适的背景音乐，可以更好地配合视频画面，提高观看体验，具体操作方法如下。

扫码看教学视频

步骤01 展开"我的资源"面板，单击"本地上传"按钮，如图7-22所示。

步骤02 弹出"打开"对话框，选择相应的音频素材，如图7-23所示。

图7-22　单击"本地上传"按钮

图7-23　选择相应的音频素材

步骤03 单击"打开"按钮，即可上传音频素材。切换至"音频"选项卡，单击音频素材右上角的 按钮，即可将音频素材添加到轨道中，如图7-24所示。

图7-24　将音频素材添加到轨道中

步骤 **04** 选择轨道中的音频素材，在编辑区的"音频"选项区中设置"音量"为 30%，适当降低音量，并在轨道中调整音频素材的位置，使其末端与数字人视频的末端对齐，如图 7-25 所示。

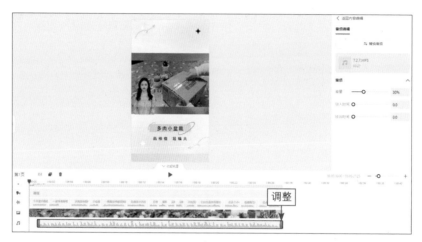

图 7-25　调整音频素材的位置

7.2.8　步骤八：添加开箱音效（加入音效）

扫码看教学视频

在数字人视频中添加音效时，需要确定音效出现的时间点。用户可以先试听音效，然后在需要出现音效的地方暂停视频，将音效拖动到轨道中相应的位置即可，具体操作方法如下。

步骤 **01** 在"音乐"面板中切换至"音效"选项卡，在搜索框中输入"开箱"，如图 7-26 所示，按【Enter】键确认即可搜索相应的音效。

步骤 **02** 单击音效中的播放按钮，即可试听音效，如图 7-27 所示。

图 7-26　输入"开箱"

图 7-27　试听音效

步骤03 单击音效右侧的 按钮，如图 7-28 所示，即可将其添加到轨道中。

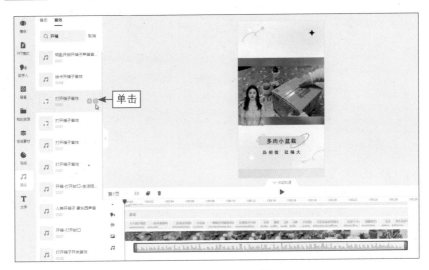

图 7-28　单击音效右侧的 按钮

步骤04 收起轨道区，单击播放按钮 ▶，如图 7-29 所示，即可预览做好的数字人视频。

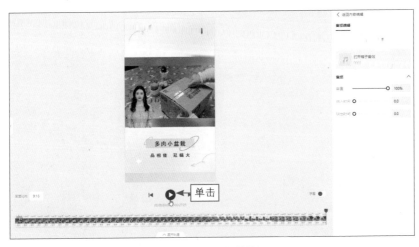

图 7-29　单击播放按钮

第 8 章　视频教学：《AI 绘画小课堂》

　　AI虚假数字人以其独特的优势，为教育培训领域带来了新的机遇和挑战，有效地弥补了传统教育的不足之处。AI虚拟数字人可以根据学生的学习进度和需求，提供个性化的学习计划和难点解析。本章将通过一个综合实例——《AI绘画小课堂》，介绍使用腾讯智影制作教育培训数字人视频的实战技巧。

8.1 《AI 绘画小课堂》视频的效果

扫码看效果视频

　　《AI绘画小课堂》视频的制作思路：先制作5个数字人主体画面，然后再编辑数字人视频并优化画面，最终形成一个数字人讲解AI绘画操作的教学视频，效果展示如图8-1所示。

图 8-1 数字人视频效果

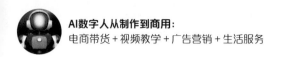

8.2　制作《AI 绘画小课堂》视频的步骤

本节主要介绍教育培训数字人视频主体内容的制作方法，包括5个数字人片段和数字人编辑细节，具体包括使用文本驱动数字人、设置数字人形象、添加背景、添加片头片尾等操作，帮助大家更好地制作数字人视频，提高教学质量。

8.2.1　步骤一：制作数字人（第 1 个数字人）

扫码看教学视频

在制作教育培训数字人视频时，首先需要确定数字人的形象，包括外貌、着装和位置等。数字人的形象应该简单明了、专业可靠，这样可以让学生更加信任并愿意接受数字人的教学方式。下面介绍制作第1个数字人片段的操作方法。

步骤 01 进入腾讯智影的"创作空间"页面，单击"智能小工具"选项区中的"视频剪辑"按钮，如图 8-2 所示。

图 8-2　单击"视频剪辑"按钮

★ 专家提醒 ★

在腾讯智影的"视频剪辑"页面中，支持本地上传素材和手机扫码上传素材，用户也可以直接查看已经保存在"我的资源"面板中的素材。单击"我的资源"面板右下角的"录制"按钮，即可启用"录制"功能，支持"录屏""录音""录像"3种录制方式。例如，使用"录屏"功能可以轻松实现屏幕画面和声音的录制，该功能对制作教育培训视频非常有帮助。

步骤 02 执行操作后，进入腾讯智影的"视频剪辑"页面，在左侧工具的栏中单击"数字人库"按钮，如图8-3所示。

图8-3 单击"数字人库"按钮

步骤 03 执行操作后，即可展开"数字人库"面板，在"2D数字人"选项卡中，选择数字人"明泽"，单击"添加到轨道"按钮➕，如图8-4所示。

图8-4 单击"添加到轨道"按钮

步骤 04 执行操作后，即可将数字人添加到轨道中。在"数字人编辑"面板的"配音"选项卡中，默认设置为"文本驱动"方式，单击其中的文本框，如图

8-5 所示，调动文本编辑框。

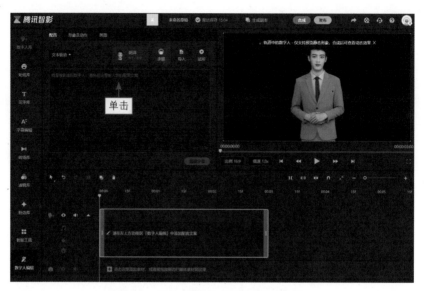

图 8-5　单击"配音"选项卡中的文本框

步骤05 执行操作后，弹出"数字人文本配音"对话框，输入相应的文案，作为数字人的播报内容，如图 8-6 所示。在该对话框中，单击"试听"按钮，可以试听数字人的播报效果。

图 8-6　输入相应的文案

步骤06 单击"保存并生成音频"按钮，即可生成相应的数字人同步配音内容，如图 8-7 所示。

图 8-7 生成相应的数字人同步配音内容

步骤 07 在"数字人编辑"面板中，切换至"形象及动作"选项卡，在"服装"选项区中有两款数字人服装可以选择，如图 8-8 所示，选择相应的选项，即可更换数字人的服装。此处数字人服装与视频画面适配，不进行更换。

图 8-8 选择数字人服装

步骤 08 在"数字人编辑"面板中切换至"画面"选项卡，在"位置与变化"选项区中设置"X位置"为–231、"Y位置"为 0，如图 8-9 所示。

139

步骤 09 执行操作后，即可改变数字人在画面中的位置，如图 8-10 所示。

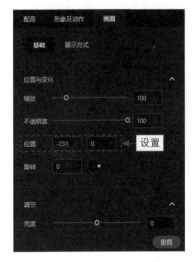

图 8-9　设置"位置"参数

图 8-10　改变数字人在画面中的位置

8.2.2　步骤二：制作数字人（第 2 个数字人）

扫码看教学视频

后面的数字人片段基本与第一个数字人形象相同，因此用户在制作时可以通过复制的方法来快速完成，具体操作方法如下。

步骤 01 在"视频剪辑"页面的轨道中，选择第 1 个数字人片段，单击"复制"按钮，如图 8-11 所示。

图 8-11　单击"复制"按钮

步骤02 执行操作后，即可复制一个数字人片段，如图 8-12 所示。

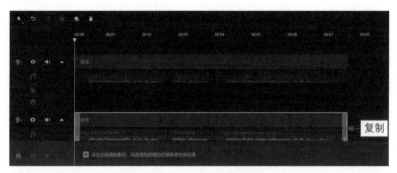

图 8-12　复制一个数字人片段

步骤03 按住复制的数字人片段并拖曳，将其移动至第 1 个数字人片段的后方，如图 8-13 所示。

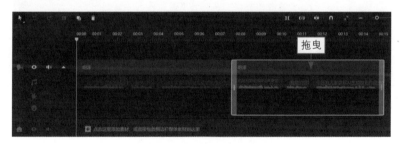

图 8-13　拖曳复制的数字人片段

步骤04 单击"配音"选项卡中的文本框，弹出"数字人文本配音"对话框，输入相应的文案，作为数字人的播报内容，如图 8-14 所示。

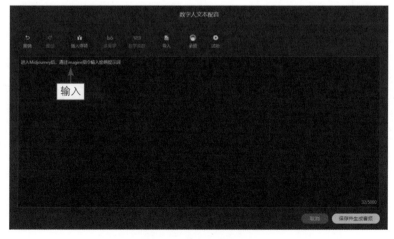

图 8-14　输入相应的文案

步骤05 单击"保存并生成音频"按钮，即可生成相应的数字人同步配音内容，如图 8-15 所示。

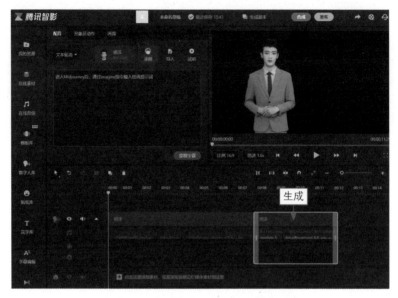

图 8-15　生成相应的数字人同步配音内容

步骤06 切换至"画面"选项卡，在"位置与变化"选项区中设置"缩放"为 50%、"*X* 位置"为 486、"*Y* 位置"为 224，如图 8-16 所示。

步骤07 执行操作后，即可改变数字人在画面中的大小和位置，如图 8-17 所示。

图 8-16　设置相应的参数

图 8-17　改变数字人的大小和位置

步骤 08 切换至"展示方式"选项卡，选择圆形展示方式，如图 8-18 所示。

步骤 09 执行操作后，即可改变数字人的展示效果，并适当调整圆形蒙版的大小和位置，如图 8-19 所示。

图 8-18　选择圆形展示方式

图 8-19　调整圆形蒙版的大小和位置

步骤 10 在"展示方式"选项卡下方的"背景填充"下拉列表框中，选择"图片"选项，展开"图片库"选项区，选择相应的背景图片，如图 8-20 所示。

步骤 11 执行操作后，即可改变数字人的背景填充效果，如图 8-21 所示。

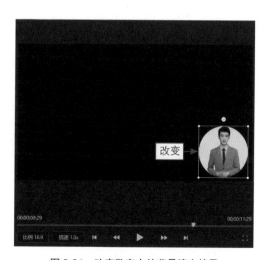

图 8-20　选择相应的背景图片

图 8-21　改变数字人的背景填充效果

8.2.3 步骤三：制作数字人（第3个数字人）

在制作数字人的过程中，一般会采用文本驱动的方式，将需要教学的文本内容与数字人的动作、语音和表情等相结合，让数字人能够在准确的时间点进行相应的表达。下面介绍第3个数字人片段的制作方法，主要更换了文字内容，其他设置基本与第2个数字人一致，具体操作方法如下。

步骤01 在"视频剪辑"页面的轨道中选择第2个数字人片段，单击"复制"按钮，复制第2个数字人片段，并适当调整其在轨道中的位置，如图8-22所示。

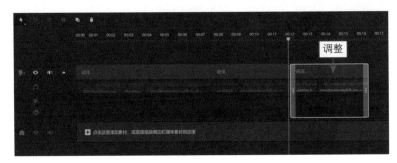

图 8-22　复制并调整数字人片段的位置

步骤02 选择第3个数字人片段，单击"配音"选项卡中的文本框，弹出"数字人文本配音"对话框，输入相应的文案，作为数字人的播报内容，如图8-23所示。

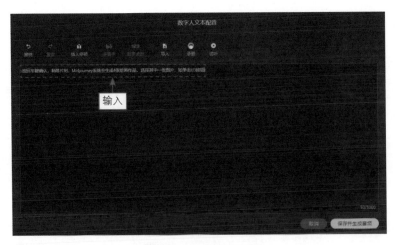

图 8-23　输入相应的文案

步骤03 单击"保存并生成音频"按钮，即可生成相应的数字人同步配音内容，如图8-24所示。

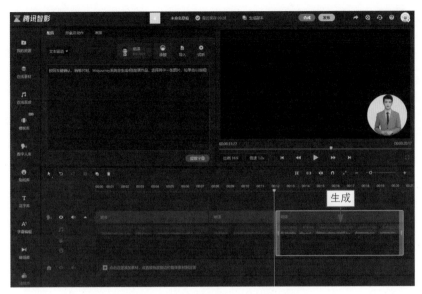

图 8-24 生成相应的数字人同步配音内容

8.2.4 步骤四:制作数字人(第 4 个数字人)

下面介绍第4个数字人片段的制作方法,主要根据培训课程的节奏,更换教学内容文案,让数字人继续完成后续的讲解,具体操作方法如下。

扫码看教学视频

步骤01 在"视频剪辑"页面的轨道中选择第 3 个数字人片段,单击"复制"按钮 ,复制第 3 个数字人片段,并适当调整其在轨道中的位置,如图 8-25 所示。

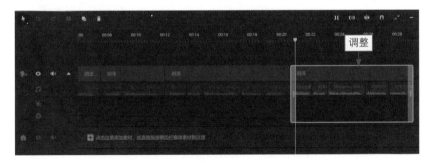

图 8-25 复制并调整数字人片段的位置

★ 专家提醒 ★

将时间轴拖至想要分割片段的位置,单击轨道栏中的"分割"按钮■,即可完成片段的分割。视频、音频及其他轨道上的元素,均支持分割。

步骤 02 选择第 4 个数字人片段,单击"配音"选项卡中的文本框,弹出"数字人文本配音"对话框,输入相应的文案,作为数字人的播报内容,如图 8-26 所示。

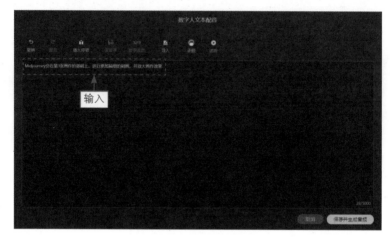

图 8-26　输入相应的文案

步骤 03 单击"保存并生成音频"按钮,即可生成相应的数字人同步配音内容,如图 8-27 所示。

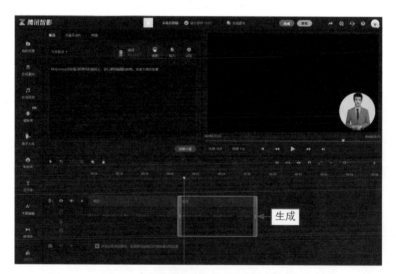

图 8-27　生成相应的数字人同步配音内容

8.2.5　步骤五:制作数字人(第 5 个数字人)

下面主要介绍第 5 个数字人片段的制作方法:通过复制第 1 个数字人片段,更换相应的文案内容,将其作为视频的片尾,具体操作方法

扫码看教学视频

如下。

步骤01 在"视频剪辑"页面的轨道中,选择第1个数字人片段,单击"复制"按钮█,复制第1个数字人片段,并适当调整其在轨道中的位置,如图8-28所示。

图8-28 复制并调整数字人片段的位置

★ 专 家 提 醒 ★

在轨道中选择想要删除的片段,单击"删除"按钮█,或者按键盘上的【Delete】键,即可删除所选片段。将鼠标指针移动到相应轨道前面的█标记处,出现"删除"按钮█,单击该按钮即可删除当前轨道中的全部内容。

步骤02 选择第5个数字人片段,单击"配音"选项卡中的文本框,弹出"数字人文本配音"对话框,输入相应的文案,作为数字人的播报内容,如图8-29所示。

图8-29 输入相应的文案

步骤03 单击"保存并生成音频"按钮,即可生成相应的数字人同步配音内容,如图8-30所示。

图 8-30　生成相应的数字人同步配音内容

★ 专家提醒 ★

在数字人轨道前面单击"收起"按钮，可以将数字人的音频、姿势等轨道折叠起来，如图 8-31 所示，方便用户进行更复杂的剪辑操作。

图 8-31　折叠数字人轨道

8.2.6　步骤六：添加背景（上传图片素材）

通过数字人的语音讲解，同时搭配相应的教学图片，可以让学生更好地理解相关知识。下面介绍添加教学背景图片的操作方法。

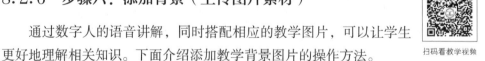

扫码看教学视频

步骤01 在"视频剪辑"页面的轨道中，单击 ✚ 按钮，如图 8-32 所示。

步骤02 执行操作后，弹出"添加素材"对话框，在"上传素材"选项卡中，单击下方的空白位置，如图 8-33 所示。

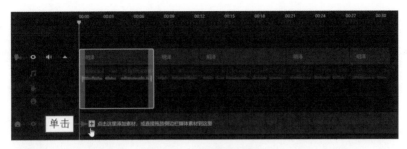

图 8-32　单击相应的按钮

图 8-33　单击"上传素材"选项卡下方的空白位置

★ 专 家 提 醒 ★

如果用户不小心做了错误的操作，可以单击"撤销"按钮⤺退回到上一步。通过轨道栏右侧的"放大"按钮➕和"缩小"按钮➖，即可缩放轨道。通过放大轨道，可以帮助用户进行更精细的剪辑操作。

步骤03 执行操作后，弹出"打开"对话框，选择相应的图片素材，单击"打开"按钮，即可上传图片素材，如图8-34所示。

★ 专 家 提 醒 ★

选择需要旋转的视频片段，单击轨道栏中的"旋转"按钮▢，画面会顺时针旋转90°。另外，用户还可以拖曳监视器（即预览窗口）中的旋转图标◎，或者在编辑区中调节画面的旋转角度。

步骤04 选择相应的图片素材，弹出"添加素材"对话框，用户可以在此对素材进行裁剪，单击"添加"按钮，如图8-35所示。

图 8-34　上传图片素材

步骤 **05** 执行操作后，即可将所选图片素材添加到主轨道中，适当调整图片
素材的时长，使其与第 1 个数字人片段的时长保持一致，如图 8-36 所示。

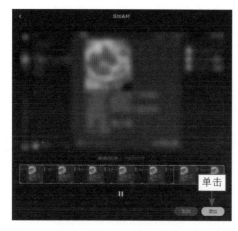

图 8-35　单击"添加"按钮

图 8-36　调整视频片段的时长

步骤 **06** 将时间轴拖至第 2 个数字人片段的起始位置，展开"我的资源"面板，
切换至"我的资源"|"图片"选项卡，选择相应的图片素材，单击"添加到轨道"
按钮 ，如图 8-37 所示。

步骤 **07** 执行操作后，即可将图片素材添加到主轨道中，适当调整第 2 个图
片的时长，使其与第 2 个数字人片段的时长保持一致，如图 8-38 所示。

图 8-37 单击"添加到轨道"按钮

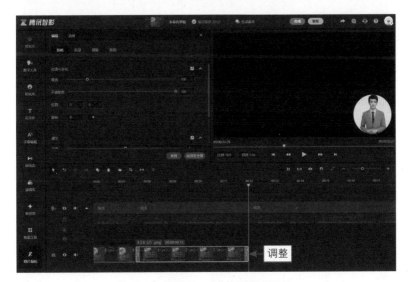

图 8-38 调整第 2 个视频片段的时长

步骤08 使用相同的操作方法，继续添加其他的背景图片，并适当调整各个视频片段的时长，使其与相应的数字人片段对齐，效果如图 8-39 所示。

图 8-39 添加其他的背景图片效果

8.2.7 步骤七：添加片头片尾（增加美感）

给数字人视频添加片头片尾标题，可以突出视频的主题和核心内容，帮助学生迅速了解视频的内容和目的，具体操作方法如下。

步骤 01 将时间轴拖至视频起始位置，展开"花字库"面板，在"花字"选项卡中单击"普通文本"右上角的"添加到轨道"按钮 **+**，如图 8-40 所示。

图 8-40 单击"添加到轨道"按钮

步骤 02 展开"花字编辑"面板，在"编辑"|"基础"选项卡中，输入相应的文本内容，如图 8-41 所示。

步骤 03 在下方的"预设"选项区中，选择相应的预设样式，如图 8-42 所示。

图 8-41 输入相应的文本内容

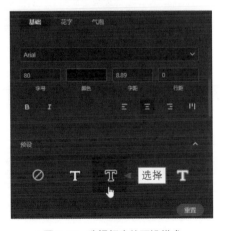

图 8-42 选择相应的预设样式

步骤 04 切换至"气泡"选项卡，选择"第一个气泡"选项，如图 8-43 所示，改变标题文字的样式。

步骤 05 在"位置与变化"选项区中，设置"缩放"参数为 81%，"X 坐标"为 304.34、"Y 坐标"为 −122.2，如图 8-44 所示，适当调整标题文字的位置。

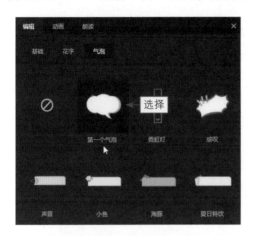

图 8-43 选择"第一个气泡"选项

图 8-44 设置相应的参数

步骤 06 切换至"动画"|"进场"选项卡，选择"模糊"选项，为标题文字添加进场动画效果，如图 8-45 所示。

图 8-45 为标题文字添加进场动画效果

步骤07 使用相同的操作方法,在视频的起始位置再添加一个普通文本,在"编辑"选项卡中适当修改文字内容,选择相应的预设样式,并设置文字的大小和位置,如图8-46所示。

图8-46　设置文字的大小和位置

步骤08 切换至"动画"|"进场"选项卡,选择"弹入"选项,添加进场动画效果,如图8-47所示。将两个片头标题文字的时长调整为与第1个数字人片段的时长一致。

图8-47　为副标题文字添加进场动画效果

步骤09 复制标题文字和副标题文字，将其调整至视频的结束位置，适当修改片尾标题的文字内容，如图 8-48 所示。

图 8-48　适当修改片尾标题的文字内容

步骤10 切换至"气泡"选项卡，选择"黄色星星"选项，改变文字样式，并将两个片尾标题文字的时长调整为与第 5 个数字人片段的时长一致，如图 8-49 所示。

图 8-49　调整两个片尾标题文字的时长

8.2.8 步骤八：添加字幕（视频讲解字幕）

给数字人视频添加同步讲解字幕，可以为学生提供额外的解释和说明，帮助他们更好地理解和记忆视频中的内容，具体操作方法如下。

扫码看教学视频

步骤 01 选择第 1 个数字人片段，在"数字人编辑"面板的"配音"选项卡中，单击右下角的"提取字幕"按钮，如图 8-50 所示。

图 8-50 单击"提取字幕"按钮

步骤 02 执行操作后，即可提取出第 1 个数字人片段的字幕内容。然后使用相同的操作方法，提取其他数字人片段的字幕，效果如图 8-51 所示。

图 8-51 提取其他数字人片段的字幕

步骤 **03** 执行操作后，选择第一个字幕文本，在"基础"选项卡中，设置字幕的"字号""字距""排列方式"，如图 8-52 所示。系统默认勾选了"应用至全部"复选框，因此设置了第一个字幕效果，会自动为其他字幕设置相同的效果。

步骤 **04** 执行操作后，选择一款合适的"预设"字幕效果，如图 8-53 所示。

图 8-52　设置相关参数

图 8-53　选择一款"预设"字幕效果

步骤 **05** 在"位置与变化"选项区中，设置"X坐标"为 −606.58、"Y坐标"为 3.4，调整标题文字的位置，如图 8-54 所示。

图 8-54　调整标题文字的位置

步骤 06 在"字幕编辑"面板中切换至"动画"|"进场"选项卡，选择"打字机 1"选项，将"动画时长"参数设置为最长，单击"应用至全部"按钮，如图 8-55 所示，即可给其他字幕添加相同的进场动画效果。后续用户需检查字幕正确与否。

图 8-55　单击"应用至全部"按钮

8.2.9　步骤九：添加指示（加入鼠标贴纸）

扫码看教学视频

给数字人视频添加鼠标指示贴纸效果，可以有效地提高视频的教学效果和学生的学习效率。鼠标指示贴纸可以用于指示重点内容、解题步骤、软件操作等，使学生更容易理解和掌握知识。下面介绍添加鼠标指示贴纸的操作方法。

步骤 01 将时间轴拖至第 2 个数字人片段的起始位置，如图 8-56 所示。

图 8-56　拖曳时间轴

步骤02 展开"贴纸库"面板，切换至"贴纸"|"视频必备"选项卡，单击"像素白色鼠标"贴纸右上角的"添加到轨道"按钮➕，如图8-57所示。

步骤03 执行操作后，即可添加"像素白色鼠标"贴纸效果。在"贴纸编辑"面板的"编辑"选项卡中，设置"缩放"为10%、"X坐标"为296、"Y坐标"为313、"旋转"为-20，如图8-58所示，适当调整贴纸的大小和位置。

图8-57　单击"添加到轨道"按钮

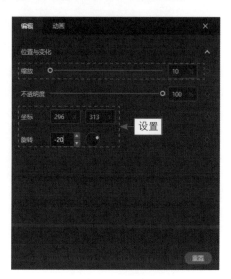

图8-58　设置相应的参数

步骤04 在轨道中适当调整贴纸的时长，使其与第2个数字人片段的时长保持一致，如图8-59所示。

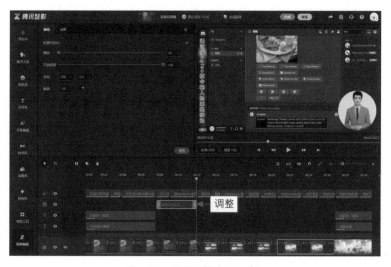

图8-59　适当调整贴纸的时长

步骤 05 复制贴纸素材，并适当调整其在轨道中的位置和时长，使其对准相应的视频讲解字幕，同时在画面中适当调整贴纸的位置，如图 8-60 所示。

图 8-60　复制并调整贴纸的位置

步骤 06 再次复制贴纸素材，适当调整其在轨道中的位置和时长，使其对准相应的视频讲解字幕，同时在画面中适当调整贴纸的位置，如图 8-61 所示。

图 8-61　再次复制并调整贴纸的位置

8.2.10　步骤十：添加背景音乐（选择纯音乐）

背景音乐可以大大提升视频的吸引力和感染力，而且使用轻松愉快的背景音乐，还能够减轻学生的紧张情绪，帮助学生更好地专注于

扫码看教学视频

视频内容。下面介绍添加背景音乐的操作方法。

步骤 01 将时间轴拖至视频起始位置,展开"在线音频"面板,切换至"音乐"|"纯音乐"选项卡,选择一首合适的纯音乐,单击右侧的"添加到轨道"按钮+,如图 8-62 所示,即可添加背景音乐。

图 8-62 单击"添加到轨道"按钮

步骤 02 在视频的结尾处分割音频素材,并删除多余的音频片段,同时在"音频编辑"面板中设置"音量大小"为 60%、"淡入时间"和"淡出时间"均为 1.0s,降低背景音乐的音量,并添加淡入和淡出效果,如图 8-63 所示。

图 8-63 设置背景音乐效果

第9章　广告营销：《房地产宣传片》

在视频形式喜闻乐见的当下，营销领域的宣传方式也更加丰富，如用数字人出镜讲解产品的形式来制作广告，这是人工智能与产品宣传相结合的新尝试。本章将以《房地产宣传片》为例来介绍数字人与广告营销相结合的视频制作方法。

9.1 《房地产宣传片》视频的效果

扫码看效果视频

《房地产宣传片》视频的制作思路：先在剪映中选择数字人模板和智能生成营销广告文案，然后导入房地产视频素材，最后添加字幕、片头、片尾、贴纸和背景音乐等元素，丰富视频画面，效果展示如图9-1所示。

图 9-1 《房地产宣传片》视频效果

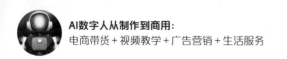
9.2 制作《房地产宣传片》视频的步骤

AI虚拟数字人可以作为口播博主，以口播的形式帮助产品营销和品牌推广。本节将以《房地产宣传片》视频为例，介绍AI虚拟数字人作为口播博主的视频的制作步骤，最终制作出丰富的广告宣传片的视觉效果。

9.2.1 步骤一：生成数字人（选择数字人）

扫码看教学视频

用户可以通过剪映来创建数字人，在此之前，首先要添加一个文本素材，这样才能看到数字人的创建入口，具体操作方法如下。

步骤 01 打开剪映专业版软件，进入"首页"界面，单击"开始创作"按钮，如图 9-2 所示。

图 9-2 单击"开始创作"按钮

步骤 02 执行操作后，即可新建一个草稿并进入剪映的视频创作界面，切换至"文本"功能区，在"新建文本"选项卡中，单击"默认文本"右下角的"添加到轨道"按钮，添加一个默认文本素材。此时，可以在操作区中看到"数字人"标签，单击该标签切换至"数字人"操作区。选择相应的数字人后，单击"添加数字人"按钮，如图 9-3 所示。

步骤 03 执行操作后，即可将所选的数字人添加到时间线窗口的轨道中，并显示相应的渲染进度，如图 9-4 所示。数字人渲染完成后，选中文本素材，单击"删除"按钮将其删除即可。

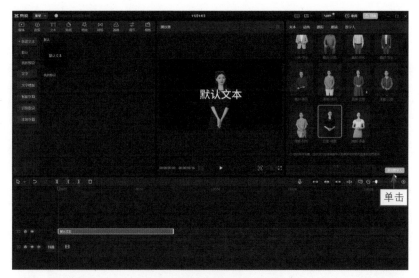

图9-3　单击"添加数字人"按钮

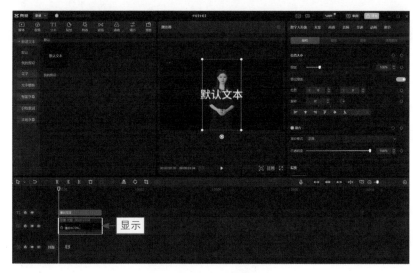

图9-4　显示相应的渲染进度

　　在"数字人形象"操作区中，切换至"景别"选项卡，可以改变数字人在视频画面中的景别，包括远景、中景、近景和特写4种类型。

9.2.2　步骤二：生成文案（获取智能文案）

　　使用剪映的"智能文案"功能，可以一键生成数字人视频文案，为用户节省大量的时间和精力，具体操作方法如下。

扫码看教学视频

步骤 01 选择视频轨道中的数字人素材，切换至"文案"操作区，单击"智能文案"按钮，如图 9-5 所示。

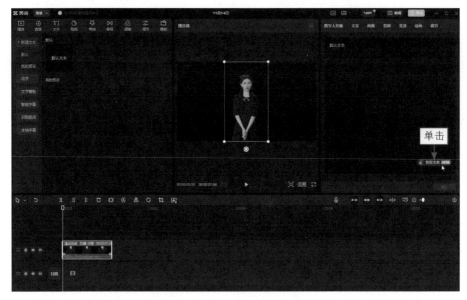

图 9-5　单击"智能文案"按钮

步骤 02 执行操作后，弹出"智能文案"对话框，单击"写营销文案"按钮，确定要创作的文案类型，如图 9-6 所示。

步骤 03 在文本框中输入相应的文案要求，如产品名称为"房产宣传"、产品卖点为"一线江景，精品户型，豪华装修，品质生活"，如图 9-7 所示。

图 9-6　单击"写营销文案"按钮

图 9-7　输入相应的文案要求

★ 专 家 提 醒 ★

在"智能文案"对话框中，单击"写口播文案"按钮，输入相应的需求，可以一键生成口播文案。

步骤 04 单击"发送"按钮 ➡，剪映即可根据用户输入的要求生成对应的文案内容，如图 9-8 所示。

步骤 05 单击"下一个"按钮，剪映会重新生成文案内容，如图 9-9 所示，当生成令用户满意的文案后，单击"确认"按钮即可。

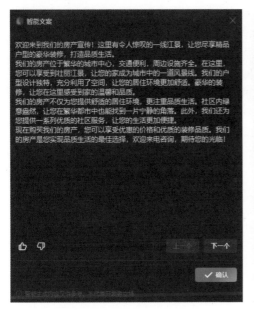

图 9-8 生成对应的文案内容

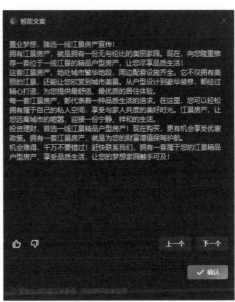

图 9-9 重新生成文案内容

步骤 06 执行操作后，即可将智能文案填入到"文案"操作区中，如图 9-10 所示。

步骤 07 对文案内容进行删减和修改，单击"确认"按钮，如图 9-11 所示。

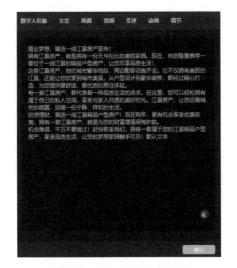

图 9-10 填入"文案"操作区

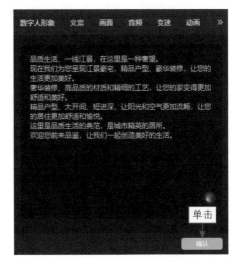

图 9-11 单击"确认"按钮

步骤08 执行操作后，即可自动更新数字人音频，并完成数字人轨道的渲染，如图 9-12 所示。

图 9-12　完成数字人轨道的渲染

9.2.3　步骤三：美化形象（调整数字人形象）

使用剪映的"美颜美体"功能，可以对数字人的面部和身体等各种细节进行调整和美化，以达到更好的视觉效果，具体操作方法如下。

扫码看教学视频

步骤01 选择视频轨道中的数字人素材，切换至"画面"操作区中的"美颜美体"选项卡，选中"美颜"复选框，剪映会自动选中人物脸部，设置"磨皮"为 25、"美白"为 12，如图 9-13 所示。"磨皮"主要是为了降低图片的粗糙度，使皮肤看起来更加光滑，"美白"主要是为了调整肤色，使皮肤看起来更白皙。

图 9-13　设置相应的"美颜"参数

步骤02 在"美颜美体"选项卡的下方，选中"美体"复选框，设置"瘦身"为 66，将数字人的身材变得更加苗条，如图 9-14 所示。

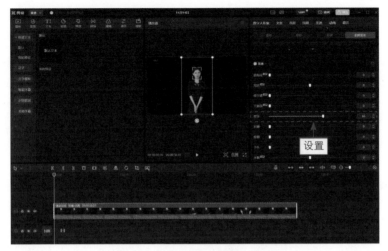

图9-14　设置相应的"美体"参数

通过剪映的"美颜美体"功能，用户可以轻松地调整和改善数字人的形象，包括美化面部、身体塑形和改变身材比例等。这些功能为数字人的制作提供了更多样化的美化和编辑工具，能够让数字人更具吸引力和观赏性。

9.2.4　步骤四：制作背景效果（导入图片素材）

剪映中有很多内置的数字人背景素材，并且用户还可以给数字人添加自定义的背景效果，具体操作方法如下。

扫码看教学视频

步骤01 切换至"媒体"功能区，在"本地"选项卡中，单击"导入"按钮，如图9-15所示。

步骤02 执行操作后，弹出"请选择媒体资源"对话框，选择相应的背景图片素材，如图9-16所示。

图9-15　单击"导入"按钮

图9-16　选择相应的背景图片素材

步骤03 单击"打开"按钮,即可将背景图片素材导入"媒体"功能区,单击背景图片素材右下角的"添加到轨道"按钮■,将素材添加到主轨道中,并适当调整背景图片素材的时长,使其与数字人的时长一致,如图9-17所示。

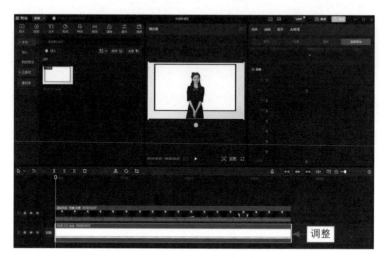

图9-17 调整背景图片素材的时长

步骤04 用相同的方法,导入一个装饰素材,并调整装饰素材的时长和位置,如图9-18所示。

图9-18 调整装饰素材的时长和位置

9.2.5 步骤五：添加视频素材（房产全貌视频）

除了可以添加图片素材,用户还可以在剪映中导入视频素材,使

扫码看教学视频

其与数字人相结合，丰富画面内容，具体操作方法如下。

步骤01 使用上一节的操作方法，在"媒体"功能区中导入一个房地产视频素材，并将其拖至画中画轨道中，如图 9-19 所示。

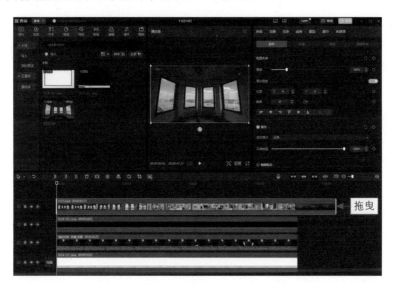

图 9-19 将房地产视频素材拖曳画中画轨道中

步骤02 将主轨道中的背景图片素材和装饰素材的时长调整为与房地产视频的时长一致，然后选择数字人素材，切换至"变速"操作区，在"常规变速"选项卡中，将时长设置为与房地产视频的时长一致，如图 9-20 所示。

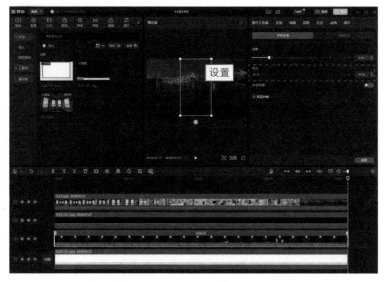

图 9-20 设置数字人的时长

步骤 03 调整装饰素材在视频轨道中的位置,并在"基础"选项卡中设置"层级"为 3,如图 9-21 所示。选择数字人素材,设置数字人的"层级"为 2,让数字人居中显示,为画面增添美感。

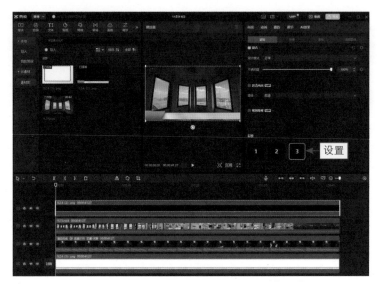

图 9-21 设置装饰素材的"层级"

步骤 04 选择画中画轨道中的房地产视频素材,切换至"画面"操作区的"基础"选项卡,在"位置大小"选项区中设置"缩放"为 83%、"X 位置"为 -45、"Y 位置"为 128,适当调整房地产视频在画面中的大小和位置,如图 9-22 所示。

图 9-22 调整房地产视频在画面中的大小和位置

步骤05 选择数字人素材,设置"X位置"为1475、"Y位置"为0,适当调整数字人在画面中的位置,如图9-23所示。

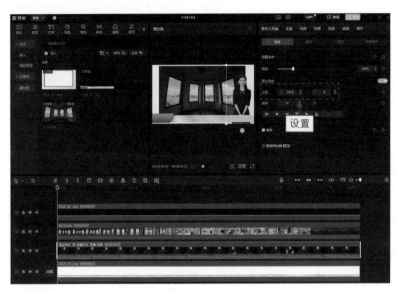

图9-23 调整数字人在画面中的位置

9.2.6 步骤六:添加字幕(智能识别字幕)

扫码看教学视频

使用剪映的"智能字幕"功能,可以一键给数字人视频添加同步字幕,具体操作方法如下。

步骤01 切换至"文本"功能区,单击"智能字幕"按钮,如图9-24所示。

步骤02 执行操作后,切换至"智能字幕"选项卡,单击"识别字幕"选项区中的"开始识别"按钮,如图9-25所示。

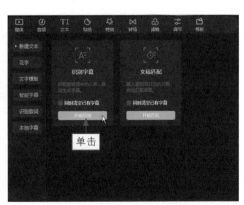

图9-24 单击"智能字幕"按钮

图9-25 单击"开始识别"按钮

步骤 03 执行操作后，即可自动识别数字人中的文案，并生成字幕，然后适当调整字幕在画面中的位置，如图 9-26 所示。

图 9-26　调整字幕在画面中的位置

步骤 04 在"文本"操作区的"基础"选项卡中，选择一个合适的"预设样式"，如图 9-27 所示，即可改变字幕效果。

图 9-27　选择一个"预设样式"

步骤 05 切换至"动画"操作区的"入场"选项卡中，选择"打字机Ⅳ"选项，并将"动画时长"调整为最长，给字幕添加入场动画效果，如图 9-28 所示。

图 9-28　给字幕添加入场动画效果

步骤 06 使用相同的操作方法，给其他字幕均添加"打字机Ⅳ"入场动画效果，如图 9-29 所示。

图 9-29　给其他字幕添加入场动画效果

9.2.7　步骤七：增添元素（片头、片尾和贴纸）

给数字人视频添加片头和贴纸效果，不仅可以突出视频的主题，同时还可以通过贴纸来和观众互动，吸引更多人的关注，具体操作方

扫码看教学视频

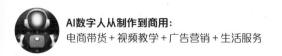
法如下。

步骤01 在"文本"功能区中切换至"文字模板"|"片头标题"选项卡，选择一个合适的片头标题模板，单击"添加到轨道"按钮➕，将其添加到轨道中，并适当修改文本内容，如图9-30所示。

图9-30　添加片头标题模板并修改文本内容

步骤02 拖曳时间轴至相应的位置，在"片尾谢幕"选项卡中，选择一个合适的片尾标题模板，单击"添加到轨道"按钮➕，将其添加到轨道中，并适当修改文本内容，如图9-31所示。

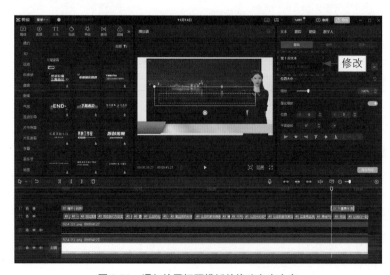

图9-31　添加片尾标题模板并修改文本内容

步骤03 切换至"字幕"选项卡中，选择一个合适的字幕模板，单击"添加到轨道"按钮 ⊕，将其添加到轨道中，并适当修改文本内容，如图 9-32 所示。

图 9-32　添加字幕模板并修改文本内容

步骤04 调整两个文字模板的时长，使其与数字人和其他素材的时长一致，在"播放器"窗口中，调整两个文字模板的大小和位置，如图 9-33 所示，为画面增添美感。

图 9-33　调整两个文字模板的大小和位置

步骤**05** 拖曳时间轴至相应的位置，在"贴纸"功能区中输入并搜索"电话"。在搜索结果中选择相应的"电话"贴纸，单击"添加到轨道"按钮，将其添加到轨道中。调整贴纸末端的位置，使其与主轨道的末端对齐，并在"播放器"窗口中适当调整贴纸的位置和大小，如图9-34所示。

图9-34　调整贴纸的位置和大小（1）

步骤**06** 将时间轴拖至视频起始位置，在"贴纸"功能区中输入并搜索"营销"。选择相应的贴纸，单击"添加到轨道"按钮，将其添加到轨道中，并调整其时长与主轨道一致，然后在"播放器"窗口中适当调整贴纸的位置和大小，如图9-35所示。

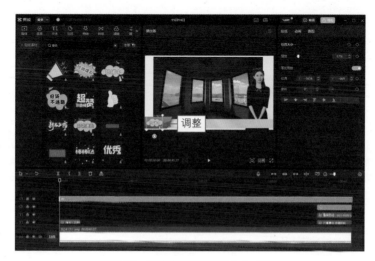

图9-35　调整贴纸的位置和大小（2）

9.2.8 步骤八：添加背景音乐（增添视听美感）

扫码看教学视频

给数字人视频添加背景音乐，可以提升视频的感染力和观看体验，具体操作方法如下。

步骤01 在时间线窗口中，单击画中画轨道前的"关闭原声"按钮🔊，将房地产视频中的声音关闭，如图9-36所示。

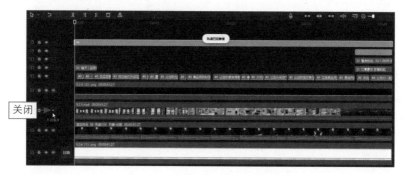

图9-36 将房地产视频中的声音关闭

步骤02 展开"音频"功能区中的"音乐素材"选项卡，在"纯音乐"选项区中，选择相应的音频素材，如图9-37所示，进行试听。

步骤03 单击"添加到轨道"按钮⊕，如图9-38所示，将音乐添加到音频轨道中。

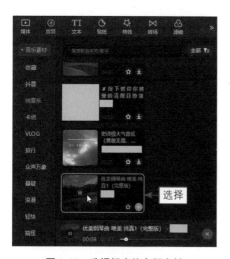

图9-37 选择相应的音频素材

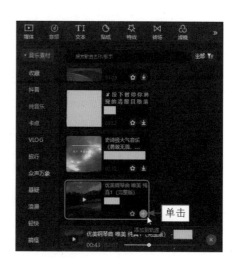

图9-38 单击"添加到轨道"按钮

步骤04 调整音频素材的时长与主轨道时长一致，如图9-39所示。

步骤05 选择音频素材，在"基础"操作区中设置"音量"为-8.0dB、"淡入时长"为1.0s、"淡出时长"为1.0s，适当降低背景音乐的音量，并添加淡入和淡出效果，如图9-40所示。用户在"播放器"窗口中单击播放按钮▶，即可预览数字人视频效果。

图 9-39　调整音频素材的时长

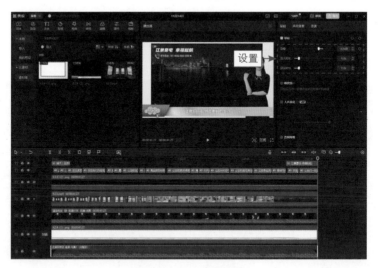

图 9-40　设置音频效果

★ 专 家 提 醒 ★

在编辑音频过程中，淡入和淡出是常见的音频效果，可以用来调整音频的起始和结束部分。淡入是指音频从无声渐渐到最大音量的过程，而淡出是指音频从最大音量渐渐到无声的过程。

第 10 章　生活服务：《小和尚人生减压开导》

在"内耗""内卷"等词汇席卷网络社会的当下，几乎没有人不受这些思维的影响，特别是"内耗"一词，对生活在高压时代的我们来说，更容易产生共鸣。本章主要围绕"内耗"一词展开，制作了一个小和尚禅语视频，希望能给人带去宽慰，减少一些精神压力。

10.1 《小和尚人生减压开导》视频的效果

扫码看效果视频

《小和尚人生减压开导》视频的制作思路：运用一个小和尚的AI形象作为画面主要人物，让小和尚口述一些简短的禅语，禅语主要围绕"内耗"展开，目的是给受众以心理宽慰，在一定程度上减轻他们的精神压力。

《小和尚人生减压开导》视频按照短视频的规格制作，为9∶16尺寸的竖构图，效果如图10-1所示。

图 10-1 《人生减压开导》视频效果

10.2 制作《小和尚人生减压开导》视频的步骤

选择小和尚作为画面主体，其可爱的形象可以给受众亲切感；围绕"内耗"来撰写视频文案，可以实时反映当代受众的心理状况，及时给予受众心理疏导。本节将详细介绍制作《人生减压开导》视频的步骤。

10.2.1 步骤一：生成形象（小和尚形象）

扫码看教学视频

画面主体是视频的主要元素，《小和尚人生减压开导》视频的画面主体是AI虚拟数字人——小和尚，因此制作视频的第一步骤是运用AI绘画工具生成小和尚形象，具体的操作步骤如下。

步骤 01 在百度中搜索"文心一格"，登录并进入"文心一格"首页，单击"立即创作"按钮，如图 10-2 所示。用户使用百度账号即可登录文心一格，有需要的话也可以按照网页提示选择注册后再登录。

图 10-2　单击"立即创作"按钮

步骤 02 进入"AI 创作"页面，如图 10-3 所示，在此可以输入提示词生成绘画作品、海报、艺术字。

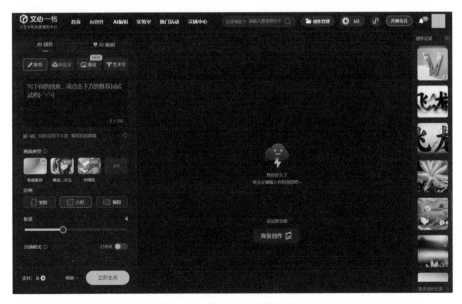

图 10-3　进入"AI 创作"页面

★ 专 家 提 醒 ★

用户在运用文心一格绘图之前，应做足"电量"准备。"电量"是文心一格平台为用户提供的数字化商品，用于兑换文心一格平台上的图片生成服务、指定公开画作下载服务及其他增值服务等。

用户可以在文心一格的"首页"中单击 ⚡按钮，进入充电页面，可以通过完成签到、画作分享、公开优秀画作3种任务来领取"电量"；也可以单击"充电"按钮，选择相应的充值金额，单击"立即购买"按钮充值电量。

步骤03 在"AI创作"页面中，切换至"自定义"选项卡，输入绘制小和尚形象的提示词，如"小和尚，正面，上半身，可爱"，如图10-4所示。默认设置"选择AI画师"为"创艺"。

步骤04 单击"上传参考图"下方的 ⊕按钮，如图10-5所示。

图10-4　输入绘画提示词

图10-5　单击相应的按钮

步骤05 执行操作后，弹出"打开"对话框，选择相应的参考图，单击"打开"按钮，如图10-6所示，上传参考图。

图10-6　单击"打开"按钮

步骤 06 设置"影响比重"为 6，如图 10-7 所示，让生成的图像效果接近参考图的画面效果。

步骤 07 设置"尺寸"为 9 : 16、"数量"为 1，如图 10-8 所示。

图 10-7　设置"影响比重"参数

图 10-8　设置"尺寸"和"数量"参数

步骤 08 单击"立即生成"按钮，如图 10-9 所示，即可生成与参考图相似的小和尚形象。

图 10-9　单击"立即生成"按钮

步骤 09 生成小和尚形象图之后，可以单击预览图右侧的下载按钮🔽，如图 10-10 所示，将图片下载下来，保存备用。如果用户对文心一格生成的小和尚

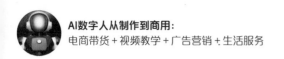
形象图不太满意，可以多次单击"立即生成"按钮，进行多次生成，从中选择最为满意的。

图 10-10　单击下载按钮

10.2.2　步骤二：修改模板（删除和调整）

扫码看教学视频

运用腾讯智影工具制作《小和尚人生减压开导》视频，首先需要生成一个小和尚数字人的视频，将前面生成的小和尚形象图片导入腾讯智影，让腾讯智影生成小和尚数字人视频，具体的操作步骤如下。

步骤01 进入腾讯智影的"创作空间"页面，单击"数字人播报"选项区中的"去创作"按钮，如图 10-11 所示。

图 10-11　单击"去创作"按钮

步骤 02 执行操作后，进入"数字人播报"功能页面，系统默认选择第一个数字人模板，在预览区中选择数字人，如图 10-12 所示，并按【Delete】键将其删除。

图 10-12 选择数字人

步骤 03 使用相同的操作方法，删除预览区中的文字、网址等其他元素，如图 10-13 所示。

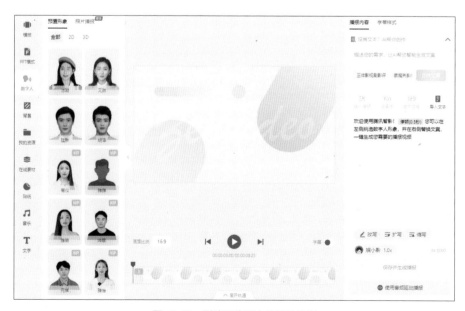

图 10-13 删除预览区中的其他元素

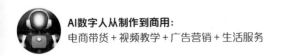
步骤04 选择预览区中的背景图片，在编辑区的"背景编辑"选项卡中，单击"删除背景"按钮，如图10-14所示，将预览区中的背景删除。

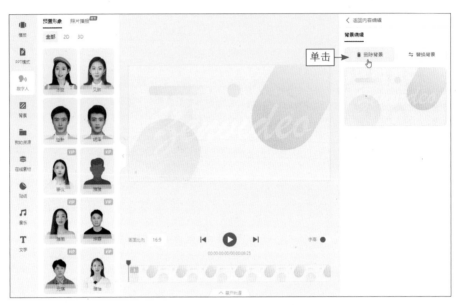

图 10-14 单击"删除背景"按钮

步骤05 执行操作后，单击"画面比例"按钮，在弹出的列表中选择9：16选项，如图10-15所示，设置视频尺寸为竖屏。

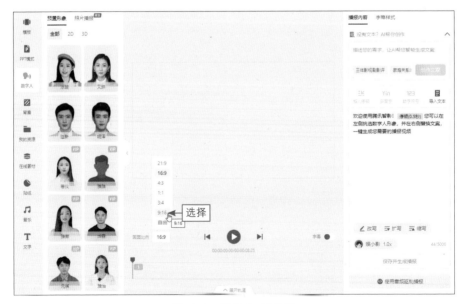

图 10-15 选择9：16选项

10.2.3 步骤三：添加形象（上传小和尚形象图）

将前面用文心一格生成的小和尚形象图上传至腾讯智影中，调整图像的位置和大小，便可以生成《小和尚人生减压开导》视频的画面主体图。下面将介绍添加小和尚形象至腾讯智影的操作方法。

扫码看教学视频

步骤 01 在工具栏中单击"数字人"按钮，展开"数字人"面板，切换至"照片播报"选项卡，单击"本地上传"按钮，如图 10-16 所示。

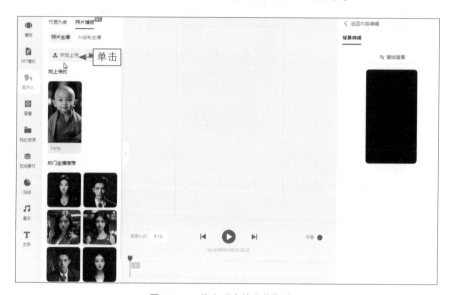

图 10-16 单击"本地上传"按钮

步骤 02 执行操作后，弹出"打开"对话框，选择相应的图片，单击"打开"按钮，如图 10-17 所示，上传小和尚形象图。

图 10-17 单击"打开"按钮

步骤 03 执行操作后，即可将小和尚形象图上传至腾讯智影，选择上传的图片，稍等片刻，系统会自动生成小和尚数字人视频，并在预览区中显示小和尚形象图，如图 10-18 所示。

图 10-18　在预览区中显示小和尚形象图

步骤 04 选择预览区中的小和尚数字人，在编辑区中切换至"画面"选项卡，设置"画面"的"缩放"参数为 105%，让数字人铺满整个屏幕，如图 10-19 所示。

图 10-19　设置"画面"的"缩放"参数

10.2.4 步骤四：编辑播报内容（导入文本）

在确定了小和尚的数字人画面之后，便可以开始导入文本、编辑数字人播报内容的步骤了。下面将具体介绍编辑播报内容的操作方法。

步骤 01 在编辑区中单击"返回内容编辑"按钮，返回编辑数字人的播报内容。在"播报内容"选项卡中，单击"导入文本"按钮，如图10-20所示。

图10-20 单击"导入文本"按钮

步骤 02 执行操作后，弹出"打开"对话框，选择存放播报内容的文件，如图10-21所示。

步骤 03 单击"打开"按钮，即可导入播报内容，效果如图10-22所示。

图10-21 选择存放播报内容的文件

图10-22 导入播报内容

10.2.5　步骤五：设置音色（修改音色和读速）

扫码看教学视频

当编辑完数字人画面和播报内容之后，我们需要修改数字人的音色和读速，选择一个与小和尚形象相匹配的音色和读速，具体的操作方法如下。

步骤01 在"播报内容"选项卡底部单击 旅小悠 1.0x 音色按钮，如图 10-23 所示。旅小悠 1.0x 为模板中默认的数字人音色和读速。

图 10-23　单击"旅小悠 1.0x"按钮

步骤02 执行操作后，弹出"选择音色"对话框，筛选合适的音色，如在"少年"音色选项区中选择"彬彬"音色，如图 10-24 所示。

图 10-24　选择"彬彬"音色

步骤03 执行操作后，单击底部的"读速 1.0x"按钮，在弹出的列表中选择 0.9x 选项，如图 10-25 所示，适当降低播报内容的播放速度。

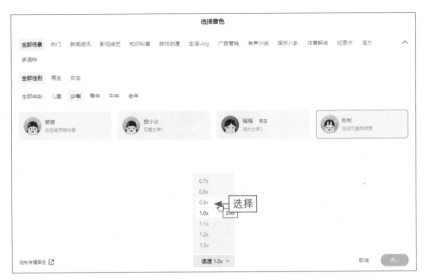

图 10-25 选择 0.9x 选项

步骤 04 执行操作后，单击"确认"按钮，如图 10-26 所示，即可成功修改数字人的音色和读速。

图 10-26 单击"确认"按钮

10.2.6 步骤六：合成视频（生成播报效果）

在以上 5 个步骤的基础上，可以单击"合成视频"按钮，合成数字人播报，即小和尚开口说话的视频，具体的

扫码看效果视频　扫码看教学视频

操作方法如下。

步骤 01 在设置完数字人音色之后，在编辑区底部单击"保存并生成播报"按钮，如图 10-27 所示，生成特定音色下的播报音频，用户可以试听音频。

图 10-27 单击"保存并生成播报"按钮

步骤 02 在确定播报内容和音色无误之后，可以单击"合成视频"按钮，如图 10-28 所示，合成小和尚读文本内容的视频。

图 10-28 单击"合成视频"按钮

步骤 03 执行操作后，弹出"合成设置"对话框，输入名称为"小和尚播报视频"，单击"确定"按钮，如图 10-29 所示，系统会自动跳转至"我的资源"页面，在此可以查看视频合成的进度，如图 10-30 所示。

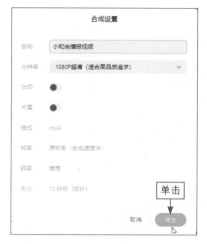

图 10-29　单击"确定"按钮

图 10-30　查看视频合成的进度

10.2.7　步骤七：变声和变尺寸（分离音频后变声）

扫码看教学视频

用户在完成数字人播报视频的制作之后，可以适当编辑视频，增加视频的吸引力，如改变视频的播报音色。下面将介绍给视频变声的详细步骤。

步骤01 在"我的资源"页面中，将鼠标指针定位在待剪辑的数字人播报视频上，单击剪辑按钮 ✖，如图 10-31 所示。

图 10-31　单击剪辑按钮

步骤 02 执行操作后,进入腾讯智影的"视频剪辑"页面,在轨道区的视频素材上单击鼠标右键,在弹出的快捷菜单中选择"分离音频"命令,如图 10-32 所示,稍等片刻,即可将数字人播报视频中的音频单独分离出来。

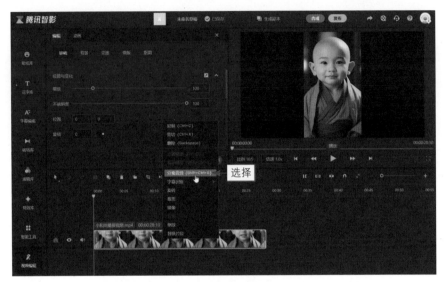

图 10-32 选择"分离音频"选项

步骤 03 在"音频编辑"面板中切换至"变声"选项卡,选择"安小琪"儿童音色,如图 10-33 所示。用户选择某个音色之后,可以进行试听,来判断是否合适。单击"应用"按钮,即可完成数字人播报视频变声的操作。

图 10-33 选择"安小琪"儿童音色

步骤04 在预览窗口中，单击"比例"按钮，选择9：16选项，如图10-34所示，将视频设置为竖屏。

图 10-34　选择 9：16 选项

10.2.8　步骤八：添加字幕（上传、编辑样式）

添加字幕可以辅助受众观看视频，有效地传达视频的重点，也能够增强视频的吸引力。下面将介绍为视频添加字幕的操作方法。

扫码看教学视频

步骤01 展开"字幕编辑"面板，单击"上传字幕"按钮，如图10-35所示，上传视频的字幕。

图 10-35　单击"上传字幕"按钮

步骤02 弹出"打开"对话框，选择相应的字幕文件，如图10-36所示，单击"打开"按钮，即可成功上传字幕，系统会在文本轨道上自动添加字幕文本，用户需要检查字幕有无错别字，以及按照自己的需要适当修改字幕。

图 10-36　选择相应的字幕文件

步骤03 选择第1个字幕，切换至"编辑"选项卡，在"字符"选项区中，设置"字号"参数为38，如图10-37所示，放大文字。

步骤04 在"编辑"选项卡的"预设"选项区中，选择第2个预设样式，如图10-38所示，使字体更有美感。

步骤05 在"位置与变化"选项区中，设置"X坐标"为0、"Y坐标"为140，如图10-39所示，改变字幕的位置。

 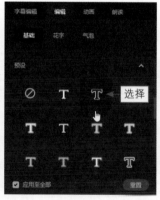 

图 10-37　设置"字号"参数　　图 10-38　选择第2个"预设"　　图 10-39　设置坐标参数
选项

步骤06 切换至"动画"选项卡，选择"渐显"进场动画，如图10-40所示，为字幕添加进场效果。

步骤 07 将字幕的动画时长调整为最长，单击"应用至全部"按钮，如图 10-41 所示，为其他字幕添加相同的进场动画效果。

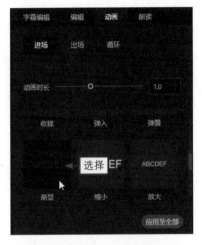

图 10-40 选择"渐显"进场动画

图 10-41 单击"应用至全部"按钮

10.2.9 步骤九：添加音乐（选择纯音乐）

扫码看教学视频

添加音乐是指为《小和尚人生减压开导》视频添加背景音乐，让小和尚在说话的同时有轻音乐的伴奏，让视频给受众好的试听感受。下面将介绍添加背景音乐的操作方法。

步骤 01 展开"在线音频"面板，在"音乐"选项卡中，选择一首合适的纯音乐，如图 10-42 所示，进行试听。

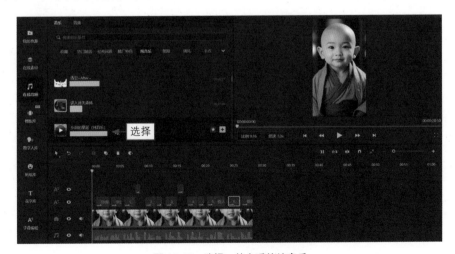

图 10-42 选择一首合适的纯音乐

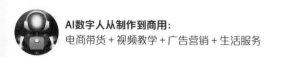

步骤02 单击右侧的"添加到轨道"按钮➕，如图 10-43 所示，即可将所选音乐添加到轨道区中。

步骤03 执行操作后，将"音量大小"参数设置为 5，如图 10-44 所示，降低背景音乐的音量，使其不会干扰数字人播报音频。

图 10-43　单击"添加到轨道"按钮

图 10-44　设置"音量大小"参数

步骤04 拖曳时间轴至视频素材的末端，选择背景音乐素材，单击"分割"按钮▮，如图 10-45 所示，分割背景音乐素材。

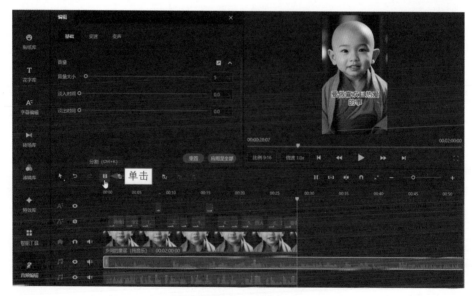

图 10-45　单击"分割"按钮

步骤 05 选择后半段背景音乐素材，单击"删除"按钮🗑，如图 10-46 所示，将多余的背景音乐素材删除，让其时长与视频素材的时长一致。

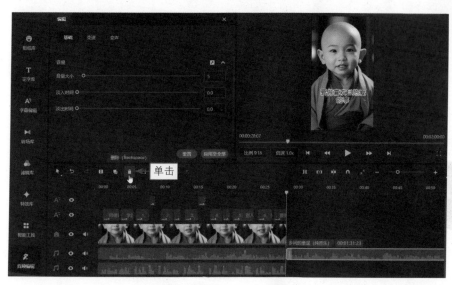

图 10-46　单击"删除"按钮

步骤 06 执行操作后，即完成了数字人视频的编辑工作，单击"合成"按钮，如图 10-47 所示，即可获得完整的视频效果。

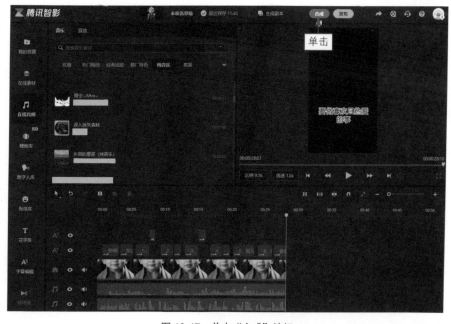

图 10-47　单击"合成"按钮

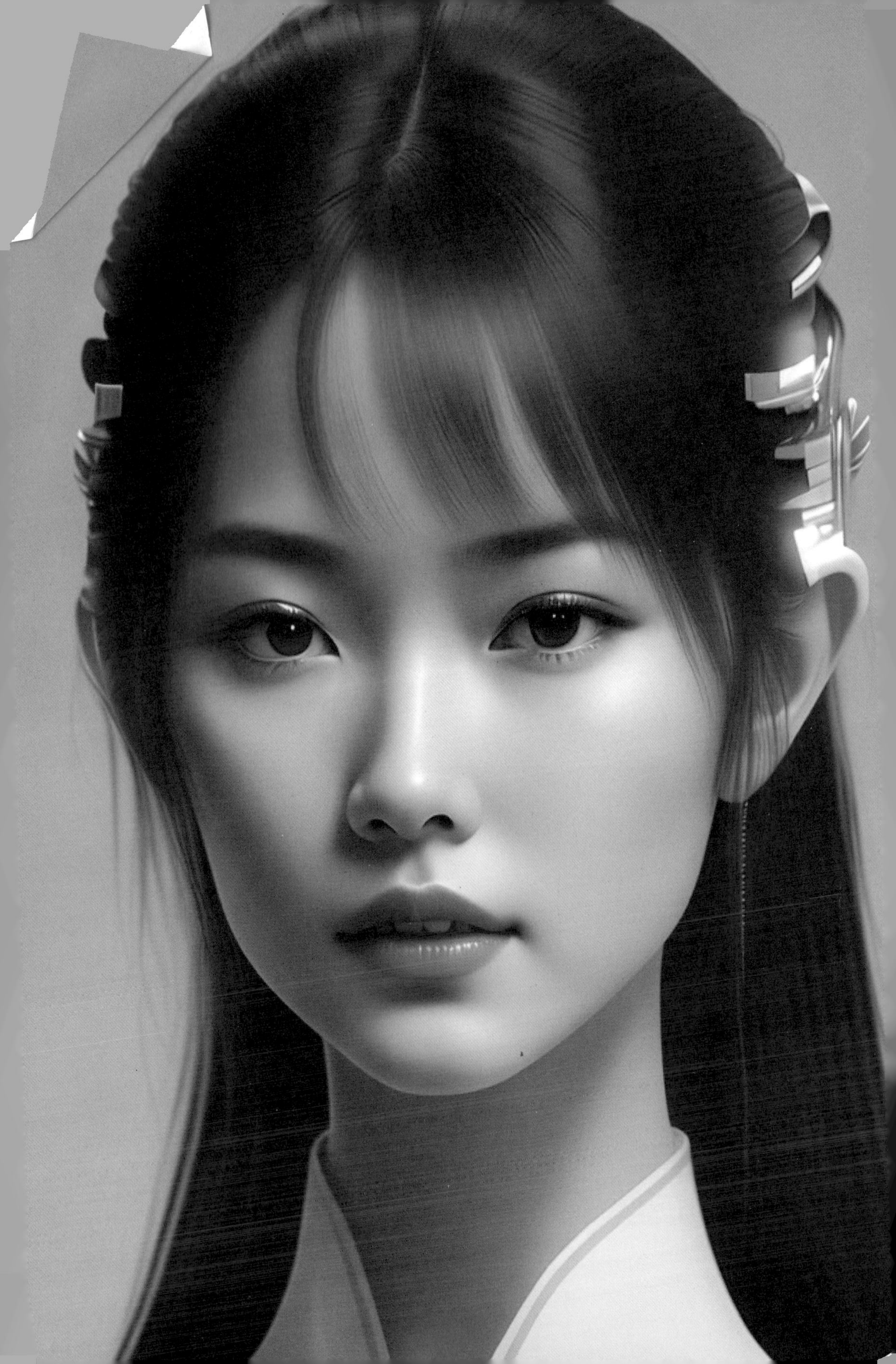